JN034221

新版 国際関係法入門

［第二版］

Introduction to International Relations Law, 2nd Edition

櫻井雅夫・岩瀬真央美 ［著］

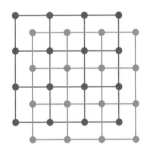

有信堂

出版データ（Catalog data）

タイトル：	新版国際関係法入門第二版
タイトルよみ：	コクサイ カンケイホウ ニュウモン
責任表示：	櫻井雅夫，岩瀬真央美　著
出版事項：	東京：有信堂高文社，2021
大きさ：	x，192p.；21cm
個人著者標目：	櫻井，雅夫，1935－ ‖ サクライ，マサオ
	岩瀬，真央美，1973－ ‖ イワセ，マオミ

Personal Name：	Sakurai, Masao, 1935–
	Iwase, Maomi, 1973–
Main Title：	Shinpan kokusai-kankei-hō nyūmon
	=Introduction to international relations law. rev. and enl. ed.
	by Masao Sakurai and Maomi Iwase.
Published：	Tokyo, Yushindo Kobun-sha Publishing Co., Ltd., 2021.
Description：	x , 192p.：ill.；21cm.

新版まえがき

　新版原稿の作成に当たっては執筆者の間で協議をし，次のような構成とすることとした。すなわち，初版の第5章の「軍縮」を削除し，初版の第6章〜9章の「人間の安全保障」を新版の第5章〜9章で「21世紀の国際社会」として全面的に書き改め，さらに「国際経済」の分野では新版の第12章〜13章に企業活動と法，経済犯罪・企業犯罪と法を加えた。上記各章の執筆は岩瀬が担当した。

　有信堂の髙橋明義代表取締役には，新版の刊行を快くお引き受けいただき，同社の川野祐司氏とともに編集作業を行っていただいた。お二人に深甚なる感謝の意を表したい。

2013年11月10日

櫻井　　雅夫

岩瀬　真央美

第二版まえがき

　新版刊行後に国際社会では様々な変化が起こり，国際関係法の分野に大きな影響を与えている。第二版では，国際社会の動向を踏まえて，内容の更新，加筆を行った。

　今回の第二版の改訂では，時間的な制約の中で，有信堂の髙橋明義代表取締役には，多大なご尽力をいただいた。心より感謝の意を表したい。

2021年3月8日

櫻井　　雅夫

岩瀬　真央美

まえがき

　この本は，専門課程に進むための基礎科目として履修する大学1,2年生を念頭に置いて作成した教科書である。これまでは独自の教材を開発し使用してきたが，多少整理ができたのでこのさい教材を圧縮して1冊にまとめたということである。

　法学概論の勉強も済ませていない学生に対して，国際関係法を1セメスター12回で体系的にしかも平易な（plain）日本語で理解させるというのは，至難のわざである。このため専門書とちがった工夫を試みたが，どれだけ効果があるか心配である。これを機に，類似の科目を担当する方がたにはご助言やご叱正をぜひお願いしたい。

　さいごに，厳しい出版事情にもかかわらず，快く刊行を引き受けくださった有信堂の髙橋明義代表取締役をはじめとするみなさんに厚く御礼申し上げたい。また，ご逝去された八木美知夫前代表取締役の生前のご支援に対し感謝をこめて，心から哀悼の意を表したい。

　　2004年8月15日

櫻井　雅夫

　初版刊行後に国際関係法の分野でいくつか変化がみられたが，今回の第二刷にあたっては若干の加筆修正にとどめた。

　　2006年2月27日

櫻井　雅夫

新版 国際関係法入門〔第二版〕／目　次

図表リスト

コラム・リスト

新版　国際関係法入門

〔第二版〕

第1章　国際，国際法，国際関係，国際関係法

1 「国際」とは，「国際法」とは

1 International Law という言葉

ローマ法に"*Jus gentium*"という言葉がある。これにはいろいろな意味があったようだが，対外的には民族間の関係を律する法という意味もあったため，これがまずフランス語で"Droit des gens"，ドイツ語で"Völkerrecht"，英語で"Law of nations"となって国際法を指すようになった。

17世紀には，イギリスのズーチ（Richard Zouch）がこれを"Jus inter gentes"とよんだ。これがもとで，18世紀になるとフランス語で"Droit entre les gens"または"Droit entre nations"と訳された。

イギリスでのベンサム（Jeremy Bentham）は，18世紀に著した本のなかで，国と国の間の関係を規律する法原理を international の法と命名し，フランスのダギュソー（Henri Fr. d'Aguesseau）は"Droit entre gens"と名づけた。今日，イギリスやフランスでは"International law"，"Droit international"という用語が使われ，"Law of nations"，"Droit des gens"はあまり使われない。ドイツでは"Völkerrecht"のほうが広く使われる。

2 国際という言葉

1864年（清朝同治3年）に，アメリカのマーチン（漢字名は，丁韙良）は，ホイートン（漢訳名は惠頓）の *Elements of International Law* を漢訳し，『万国公法』と題して北京で出版する。数年後に日本でこの本の翻訳本が刊行される。フィッセリング（Simon Vissering）口授の西周助（周）による未推敲訳も「万国公法」である。

戦前の日本人研究者は，日朝修好条規（江華島条約）締結の翌1877年（明治

10）に花房義質公使が朝鮮側にこの漢訳書を寄贈し，初めて国際法の説明をしたとしてきた。だが，近年の韓国人研究者は，この本が公刊後早い時期に持ち込まれ，万国公法という言葉は条約締結より10年ほど前から使われていたと主張している。

1869年（明治2）には，マルテンス（Georg Friedrich von Martens．馬兒顚）の本が日本で『外国交際公法』という書名で翻訳刊行される。だが，原本の題名にInternational Law の文字はなかった。

1870年に定められた「大学規則」を見ると，学科名は万国公法となっている。箕作麟祥は，ウールシー（Theodore Dwight Woolsey）の *International Law* の邦訳書を73年から刊行したときに，International の訳を国際とした。穂積陳重が『法窓夜話』のなかで，国際法という造語は箕作によるものとしたのはここに由来するものであろう。国と国の触れ合い・交わりということよりも，箕作は，ベンサムのいう inter を際という字で表すほうが理にかなっていると判断したのかもしれない。ただ，この訳書には万国公法という名前も付記されている。

翌74年の東京開成学校規則で学科名は列国交際法という名に変えられる。開成学校が東大になると，81年の学科改正で列国交際法を国際法に変える。

当時の清朝の文書には国際という言葉が出てこない。日本にやってきた留学生たちが日本語による数多くの関係文献を翻訳し母国に持ち帰ったのがきっかけで，万国公法という用語が国際法という新しい造語にとって替わられた。この国際法という言葉が清朝で定着し始めたのは，上記のマーチンが万国公法という言葉を造ってから約50年後のこと。つまり，日本製の用語が漢語になったのである。

他方，福澤諭吉の書物には，外国交際，外国の交際，国交際，外交という言葉がたびたび出てくる。この場合，「交際」とは，「或は商賣にても，甚だしきは，遊藝，酒宴，或は公事，訴訟，喧嘩，戦争にても，唯人と相接して其の心に思ふ所を言行に發露するの機會」のことである。つまり，けんかも戦争も交際の一種ということで説明されていた（丸山眞男『「文明論の概略」を読む』）。福澤は，外国交際から外と交の2文字を取り出し外交という言葉を造った。『学問のすすめ』には，「外は萬國の公法を以て外國に交り」ということが記されている。福澤の頭の中ではすでに国際法という言葉が造られていたかもしれな

い。

　福澤が造った外国交際という言葉は，箕作の国際ともまたマルテンスの外交とも違い，むしろ今日使われている「トランスナショナル」な関係に近いものということができる。

　けっきょく，国際という形容詞は日本人の造語であり，万国ないし列国の「国」と，交際の「際」を付けて短くしたものにすぎない。ただ，国際の際の字については，①交際すなわち触れ合い・交わることだという解釈と，②国がnation で際が inter だという解釈があり，そのいずれが先だったかは不明である。さいごに，国際間という言葉は，上記の①であっても国家と国家の交際の間，②であっても国家と国家の間の間ということになり，学問用語としては不適当である。

2　「法」という字

1　「法」とは

　法という字の元の字は「灋」である。この文字の意味であるが，一説によると，「さんずい」は世の中の水平，衡平を示す。そこに「廌」という神獣があらわれる。そして，この廌が世の中の水平，衡平を乱す者を「のり」（則）に基づいて取り去る。この「のり」が法だというのである。

法という字

2　「法」の分類

　法の形式分類をすれば，およそ図 1 - 1 のようになる。

　若干の説明を補足しておく。条理とは「すじみち」のことであるが，これを法に含める学者（例えば，中川善之助）と含めない学者（例えば，峯村光郎）がいる。成文法も判例法も慣習法もない状態で何か問題が起こった場合に，それを解決するために条理に拠りどころを求めるべきだというのが前者であり，条理が拠りどころだからということで直ちに条理を法にするのはおかしいというのが後者である。

　学説についても似たような議論がある。国内法の場合，学説は法の解釈に必要であっても，法そのものにはならない。国際法の場合も，学説は国際法（例

6

図1-1　法の形式分類

図1-2　六法, 公法・私法

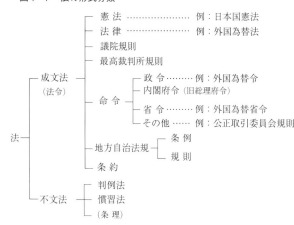

えば条約・慣習法）を決定するための補助的な手段であっても，法そのものであるとはいえないということになる。

　国内法と国際法の関係については，①二元論（国内法と国際法が別の法体系だとする考え方），②一元論（両者が同一の法体系だとする考え方），③調整論（両者を等位で調整していく考え方）が対立している。

3　六法, 公法・私法

　いわゆる六法と公法・私法は，図1-2のような関係になる。ただし，公法と私法の中間領域ないし混合領域が広くなってきているので，二つに分けることの実益は薄れてきているとの指摘もある（例えば，団藤重光）。

　さて，このように区分すると，社会法（Sozialrecht）や経済法（Wirtschaftsrecht）の位置づけがわからなくなる。18世紀に『国富論』（*Wealth of Nations*）を著したアダム・スミス（Adam Smith）は，公法と私法があればあとは「見えざる手」（invisible hand）で資本主義が動くので，自由競争に対する政府のいかなる干渉も有害だとした。たしかに動くことは動いた。ところが，経済が発展するにつれた社会にさまざまな矛盾が生まれてきた。その最たるものは貧富の差と独占である。「見えざる手」ではどうにも解決できない状態になったということである。

　この矛盾を解決するために，世界各国は大きく

国富論
　学校では『国富論』ないし『諸国民の富』を *Wealth of Nations* の訳だと教えているが，原書のタイトルは下のように長いものである。
　An Inquiry into the Nature and Causes of the Wealth of Nations; A Concordance.

二つに分かれた。ひとつは資本主義を認めてその枠内で矛盾を解決する法を制定する道を選んだ国ぐにである。もうひとつは資本主義を否定して社会主義の正当性を認め，「法の死滅」を信じた国である。前者はアメリカであり，後者はソビエトであった。

法の死滅
　社会主義を信奉する法学者によると，発展段階が資本主義の段階から社会主義の段階に進むと世の中に一切の矛盾がなくなり，したがって矛盾や問題を解決するための規準としての法は死滅するというのである。

　日本は，資本主義の矛盾を解決するために資本主義法の枠内で社会法と経済法を制定してきた。これらの法が，公法と私法に次ぐ「第三の法」，社会・経済法とよばれるものである。そして，社会法の代表的なものが労働法・社会保障法であり，経済法の代表的なものが独占禁止法ということになる。このようにみると，公法，私法，社会・経済法は図1-3のような関係に立つ。

　ただし，社会・経済法を第三の法分科とすることについては異論も出されている。社会・経済法は一般の公法と違った機能を有するものであるから別の法分科を形成するという立場と，社会・経済法は公法にすぎないという立場があるということである。

図1-3　社会・経済法

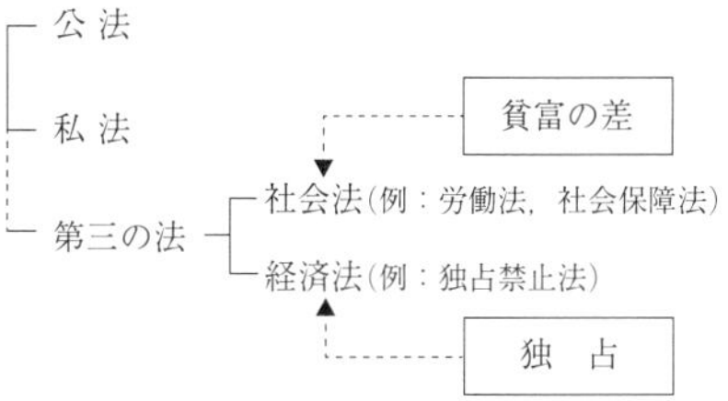

4　法律・条約の制定・成立手続

(1)　法律

　日本の法律案の審議手続は，国会法で定められている（56条）。これを図解すれば，図1-4のようになる。

(2)　条約

　日本の場合，条約は内閣の締結と国会の承認で成立する（憲法73条3号，61条，60条）。例外を除けば，一般に図1-5のような過程で条約が締結される。

及び・並びにと，又は・若しくは
　及び・並びに一大きな意味をあわせるようにつなげる場合には「並びに」，そのなかで小さな意味を併せるようにつなげるときは「及び」を使う。したがって，条文中に「並びに」があれば必ず「及び」があるが，「及び」があるからといって「並びに」があるとはかぎらない。
　又は，若しくは一大きな意味を選択できるようにつなげる場合には「又は」，そのなかでさらに小さな意味を選択できるようにつなげるときは「若しくは」を使う。したがって，条文中に「若しくは」があれば必ず「又は」があるが，「又は」があるからといって「若しくは」があるとはかぎらない。

図 1 - 4　法律の制定過程

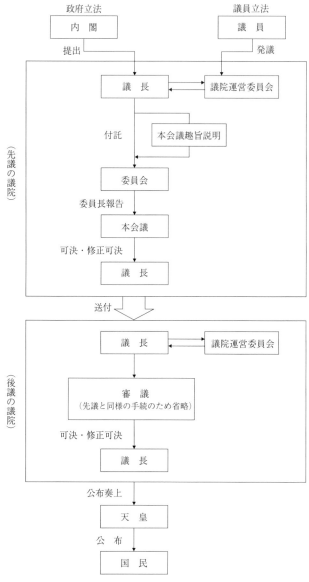

出所：田島信威『法令入門』より作成。

図1-5　条約の制定過程

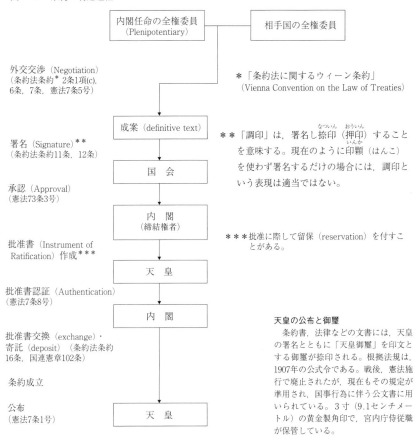

外交交渉（Negotiation）
（条約法条約＊2条1項(c)，
6条，7条，憲法7条5号）

内閣任命の全権委員
（Plenipotentiary）

相手国の全権委員

＊「条約法に関するウィーン条約」
（Vienna Convention on the Law of Treaties）

成案（definitive text）

署名（Signature）＊＊
（条約法条約11条，12条）

＊＊「調印」は，署名し捺印（押印）すること
を意味する。現在のように印顆（はんこ）
を使わず署名するだけの場合には，調印と
いう表現は適当ではない。

国　会

承認（Approval）
（憲法73条3号）

内　閣
（締結権者）

批准書（Instrument of
Ratification）作成＊＊＊

＊＊＊批准に際して留保（reservation）を付すこ
とがある。

天　皇

批准書認証（Authentication）
（憲法7条8号）

内　閣

批准書交換（exchange）・
寄託（deposit）（条約法条約
16条，国連憲章102条）

天皇の公布と御璽
　条約書，法律などの文書には，天皇
の署名とともに「天皇御璽」を印文と
する御璽が捺印される。根拠法規は，
1907年の公式令である。戦後，憲法施
行で廃止されたが，現在もその規定が
準用され，国事行為に伴う公文書に用
いられている。3寸（9.1センチメー
トル）の黄金製角印で，宮内庁侍従職
が保管している。

条約成立

公布
（憲法7条1号）

天　皇

3　国際関係

1　国際関係論とは

　国際関係論は，「国際社会」を対象とする応用の学問である。この分野の専
門家例えば衛藤瀋吉ほかによれば，この場合の国際社会は，図1-6のような
現象から成り立っている。

　この場合，第一に①国際社会のいちばん深層にあるのは，「基層文化」すな
わちそれぞれの住民の習慣，行動様式，物の感じ方，価値観などである。②そ

の上に「心理」がある。そこには，個人心理と社会心理が含まれる。③そしてその上に「表層文化」すなわち芸術，美術などの文化が初めて現象としてあらわれる。④さらにその上に「経済活動」，「法律現象」，「政治現象」，そして「外交活動」すなわち政府間の関係や交渉が発生する。

第二に，人間社会は自然環境に支えられているのであるから，国際関係を本質的に理解するためには，人間または人間社会の存在を可能にしている「自然環境」も問題にしなければならないことになる。

2 国際関係モデル

このような立場からモデル化される国際関係は，図1-7のようになる。すなわち，三角形の外側が自然環境（生態系，地球系，気象系），三角の内側が国際関係で，円の内側が国内情況である。第一に，生態系についていえば，人の個体数の増加と生産力の拡大は，従来の生態系（Ecosphere）を破壊している。どのような生態系が人間にとって望ましいかという問題は国際関係上，無視することができない。第二に，地球系についていえば，地球系（Geosphere）から人間が獲得する資源の枯渇問題は，国際関係上の重要な課題である。第三に，気象系（Atmosphere）についていえば，大気中に蓄積される二酸化炭素が気象におよぼす影響も含めて，どのような変化が起こってもすべて人類の生存態様や国際関係に影響する。

これら自然環境と国際社会との相互作用もまた，国際関係を研究するうえで重要な課題である。したがって，国際関係論は，地球的な課題を研究するものである。国際関係論の対象は，国家の枠をこえて国際的，世界的な規模で生起

図1-6 国際社会　　　　　　　　　　　　　　図1-7 国際関係モデル

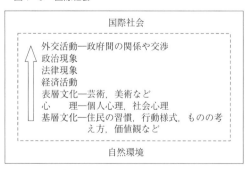

出所：衛藤瀋吉ほか『国際関係論』より作成。

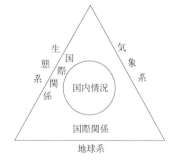

出所：図1-6に同じ。

する社会現象の一部ないし総体にわたるものであると理解される。

3　国際関係の主体

国際関係を構成する主体を，国際関係論の研究者は，次のような表現で分類している。

①国際機関—国連；

②超国家的機構—EC/ EU；

③同盟および地域ブロック（Alliance and regional blocs）—NATO（北大西洋条約機構），非同盟グループ（Non-Aligned group）；

④脱国家的な組織および運動（Transnational organization and movements）—カトリック教会，多国籍企業，国際赤十字，国際オリンピック委員会（IOC）；

⑤国家内部の集団（Subregional groups）—政治・社会運動，圧力団体，労働組合，マスメディア；

⑥個人。

これら国際関係の主体とその組合せの例を法的にみると，図1-8のようになる。若干の例を示すと，国対国では日米安全保障条約，国対国際機関ではメキシコ＝世銀借款協定，政府系機関対国際機関では旧国鉄（現，JR）＝世銀の東名高速借款協定，会社対国ではサウジアラビア政府・クウェート政府＝アラビア石油利権協定（国家契約），会社対国際機関ではインドネシア・ユニチカ＝世銀グループIFC（国際金融公社）の株主間協定，会社対会社ではトヨタ＝広州汽車の合弁契約，会社対個人では輸出入契約，個人対個人では国際結婚（婚姻），個人対国際機関では国際雇用契約といったようなことである。上記のようなアクター（actor）を国際機関の法的な主体として認めるために

非同盟グループ

　正しい組織名は非同盟運動（Non-Aligned Movement. NAM）。非同盟の定義は難しい。旧ユーゴの外交官レオ・マテス（Leo Mates）の『非同盟の論理』（*Nes-vrstanost; teoria i savremena praska*）によれば，その定義は非同盟の数だけある。強いていえば，NAMとは，資本主義，社会主義のいずれにも反対し，民族自決を守る集まりのことである。

　非同盟諸国首脳会議は，第1回が1965年にベオグラード（旧ユーゴスラビア），最近では2019年に第18回がバクー（アゼルバイジャン）で開かれている。

国連大学解雇事件（東京地裁決定）：
**　国際機関対個人**

　国連大学は国連大学憲章で設立された国際機関である。同大学は，1976年から秘書として採用した申立人Aの雇用契約を翌年1月以降更新しない旨意思表示した。Aは，更新拒絶（解雇）が正当な事由によらない解雇権（更新拒絶権）の濫用であり，77年以降も職員としての権利を有するとして，東京地裁に地位保全の仮処分を申し立てた。地裁は，内容の当否の判断に先立って，国連大学の訴訟上の権利能力（当事者能力）の有無と，同大学に対する民事裁判権の有無について職権で判断を加えた。

　決定によれば，国連大学は国連とは別に独立して活動する組織として定立されている。国連大学は日本法上独立した法人格として訴訟上の権利能力を有するものと取り扱うのが相当である。しかし，国連大学は，訴訟手続から免除される。以上の決定によって，この申請は却下された。

図1-8　国際関係の主体

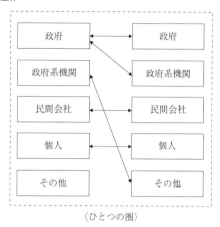

〈ひとつの圏〉

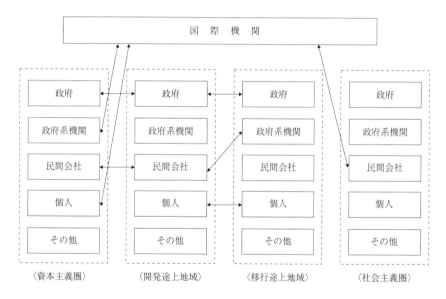

〈資本主義圏〉　　　　〈開発途上地域〉　　　　〈移行途上地域〉　　　　〈社会主義圏〉

は，そのアクターがその国の真正（genuine）な「国民」（Nation．自然人以外を含
む）であることが前提となると主張する識者もいる。また，明確な国境で領域
が設定され，国籍をもとにアイデンティティと忠誠心をもつ国民で統合され，
その国民が支配する主権国家を「国民国家」（Nation-state）とよぶこともある。
その意味では，例えばかつての「アルカーイダ」が国際関係上の法的な主体に

なりうるかという判断は難しかった。

4　国際関係論を形成する学問分野

識者によると，国際関係論を形成する学問分野は図1-9のとおりである。

国際関係論が政治学，法学，経済学，経営学などと並列される学問になりうるかどうかについては，さまざまな議論がなされている。

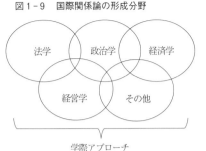

図1-9　国際関係論の形成分野

論者によっては，国際関係論は他の分野の分析道具を周回遅れで一方的に借用しているものであり，このような学問は"backward social science"（後発の社会科学）だとしている。既存の社会科学がますます分化していく今日，国際関係論がすぐれた学際アプローチ（Multidisciplinary approach）を確立できるのであれば，その存在は否定されるどころか重要性を増していく。

4　国際関係を規律する法

1　国際関係法とは

さいごに，国際関係法いう用語について記す。英語では，"International relations law"，"Law of international relations"，"International legal studies"といったものがこれに相当する。

日本では，国際関係法の内容と範囲がなお定まらず混乱している。こうした混乱は，法分科論と研究方法をはっきり区別しないところから生じている。一方には，国際関係法を法分科論でとらえ国際関係法を国際法の一分科とする論者がいる。また他方には，国際関係法を国際公法と国内法と国際機構法で構成されるとする論者もいる。前者の立場が国際関係法を国際公法に限定するのは構わないが，国内法を対象外とするので国際関係から生じる問題の解決とは関係がないことになる。次に，後者の立場は国際法と国内法の分科と別に国際関係法という法分科を存在させているようにもみえるが，これを論理的に説明することはほぼ不可能である。

思うに，国際関係法は研究方法を表す言葉としてみたほうがわかりやすい。

14

国際関係から問題が生じた場合には，国際法と国内法を総動員してそれを解決するのであり，問題解決にとって法分科論は無用だという説明になる。例えば，法分科論にこだわって国際経済法を国際法の一分科として位置づけ，WTO 協定や自由貿易協定ばかりを研究対象とするだけでは問題解決の糸口が見つからない。貿易歪曲措置（trade-distorting measures）を撤廃するにはどのような解決策があるかということを考えるのであれば，関係各国の国内法としての貿易関係法はどうなっているのかを多角的に迫っていくことが不可欠なのである。

　このような考え方は，第二次大戦終了の前から，言い換えれば連合国（the Alliance）側が枢軸国（the Axes）側に勝利し戦後復興の準備に入ることを当然の前提とした頃から，アメリカのロー・スクール（Law School．法科大学院）ではすでに定着していた。ハーバード・ロー・スクールの"International Legal Studies"（国際法律研究）はその代表的なプログラムである。これは，国際法研究ではなくて国際法律研究という問題解決のアプローチであった。法律実務家（practicing lawyers）の養成を第一義とするアメリカのロー・スクールの存在意義はここにある。

2　国際関係を規律する法

　以上のような国際関係を規律する法は，図1-10のように分けることができる。

図1-10　国際関係を規律する法

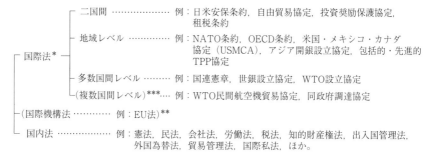

　＊　従来の国際法のほかに，「ソフト・ロー」（Soft law）があると主張する識者もいる（本書第**14**章**2**参照）。
　＊＊　国際機構法を国際法とはべつの分科にすることを主張する識者がいる。
＊＊＊　「複数国間（plurilateral）レベル」の条約は，多数国間条約に加盟した国のなかで特定の国の間でしか締結することができないものである。例えば，ある多数国間条約に加盟している場合にその枠内でべつの条約を結ぶとき，関連国内法の整備がなされていない国は，その特定の条約に参加することが不可能である。そのときは，こういう国を除外した「複数国」が条約を結ぶことになる。

第2章　第二次世界大戦——太平洋戦争を中心に

1　はじめに

　国際関係法を学ぶうえでは戦争の歴史を知らなければいけない。しかしながら，その詳細を記すことはこの本の主な目的ではない。したがって，本章では，現代日本の国際関係法を理解するために最低限必要と思われる第二次大戦について説明していくことにする。

2　太平洋戦争とは

　「太平洋戦争」とは，日本と連合国との戦争で，1941年（昭和16）12月8日から45年9月2日の日本の降伏文書署名までをさしている。それは，1931年の満州事変から始まった日本と中華民国の戦争（15年戦争）の最終段階で第二次大戦の一部を構成する戦争でもあった。開戦直後に東條英機内閣は，この戦争に「支那事変」（日中戦争）を含めて「大東亜戦争」とよび，これを敗戦まで使っていた。

　さらに，この戦争は，日米戦争ということだけでなく，日本に対するアジアの民族の抵抗運動という点でも重要である。「アジア太平洋戦争」と

大東亜戦争と太平洋戦争

　東條内閣はこの戦争の名称を「大東亜戦争」と定めた。宣戦布告はアメリカ・イギリスの2カ国に対して行われたが，この戦争には支那事変，対オランダ戦，対ソビエト戦も含めることとした。政府は，戦争地域を大東亜に限定するものではないとした。他方，連合国軍は戦時中から「第二次世界大戦太平洋戦線」とよんでいた。

　戦後，連合国最高司令官総司令部（GHQ）は「大東亜戦争」という名称を公文書で使用することを禁止した。出版物についても検閲を行い，大東亜戦争をすべて「太平洋戦争」に書き換えさせた。GHQは，ラジオ放送でも大東亜戦争という用語を強制的に太平洋戦争に置き換えさせた。

　1952年の講和独立以降も，日本の公教育，公文書作製では大東亜戦争はほとんど使用せず，「太平洋戦争」または「今次の戦争」という表現を使用している。法律や勅令の文中に大東亜戦争の名称を使用していたものは「今次ノ戦争」と改められている。

　現在の日本政府の立場は，およそ次の通りである。すなわち，①大東亜戦争の定義を定める法令はない；②昭和20年12月以降，公文書において大東亜戦争という用語は使用していない；③太平洋戦争の定義を定める法令はない；④大東亜戦争と太平洋戦争は同一の戦争であるか否かについては回答が困難である。なお，天皇が，この戦争について言及する場合には「先の大戦」と表現している。

もよばれるのは，そのためである。

3　ヨーロッパ戦線と日本の宣戦布告

　1938年9月，イギリス，フランス，イタリアの首脳は，ヒトラー（Adolf Hitler）との間に「ミュンヘン協定」[1]を締結した。この協定は，350万人のドイツ人が住むズデーテン地方（Sudeten. チェコスロバキア。現在はチェコの一部）の割譲を迫るドイツの要求を認めたものである。このとき，イギリスの首相チェンバレン（Arthur N. Chamberlain）は，まもなく平和が訪れると発表したが，この協定は一時的な戦争回避にすぎなかった。翌39年，ヒトラーの率いるドイツがソビエトと「不可侵条約」[2]を結んでポーランドに侵攻した。これに対してイギリスとフランスはドイツに宣戦布告し，ここに第二次大戦が始まった。翌年にはイタリアがドイツ側について参戦するとともに，ドイツ軍はパリを占領してフランスを降伏させた。

　他方，アジアでは，日中戦争が1937年（昭和12）の「盧溝橋事件」を契機に始まった。日本軍は最初勝ち続けたものの，やがて持久戦を強いられた。広大な戦場で粘り強く戦う中国軍を前に，日本軍の勝利が見えることはなかった。

　戦いは泥沼化し，太平洋戦争で日本が敗戦を迎える1945年まで続いた。

盧溝橋
　この橋は，北京南西約6キロの永定河にかかり，日本軍が駐屯していた東岸から中州をはさんで西岸まで270メートルほどのものである。事件の発端となる銃撃は，1937年（昭和12）7月7日夜，この橋の北約1キロの竜王廟方面だった。攻撃を開始した日本軍は，7月8日昼までに東岸を制圧，西岸へ進攻したという。
　半世紀後の1983年，筆者（櫻井）は中国政府の先導でこの橋を見に行った。

　ドイツがヨーロッパ西部戦線で勝利すると，日本では南進論が高まった。そのオランダの植民地を占領することと，日中戦争の長期化で逼迫する石油・ゴムなどの軍需物資を確保することであった。1940年，日本は，アメリカやイギリスの対蒋介石政府援助ルート（援蒋ルート，道路）を遮断して南方進出の足がかりをつくるため，ハノイ（仏領インドシナ）に進駐して北部を占領した。同年，日本はドイツ，イタリアとの間で「日独伊三国同盟条約」[3]を結び，さらに41

---

1)　Treaty of Munich（Munich Agreement／Münchner Abkommen）.

2)　Nichtangriffsvertrag zwischen Deutschland und der Union der Sozialistischen Sowjetrepubliken. Soviet-German Non-Agression Pact.

3)　日本国，独逸国及伊太利国間三国条約。Tripartite Pact between Japan, Germany and Italy.

年には「日ソ中立条約」[4]を結んで北方の安定をはかるなどして，南進の準備態勢を整えた。

国内では，第二次近衛文麿内閣が1940年に，国民を組織化し動員するために大政翼賛会を組織した。政党もすべて解散してこれに協力することになった。

翼賛会は総裁を内閣総理大臣とし，全国の各支部長には知事や市町村長をあてた。こうした動きから日米関係が悪化したため，その打開策として41年4月に日米交渉を始めた。そこでアメリカが日本に対して中国からの撤退を要求したため，交渉は難航した。

このためアメリカは，対日石油輸出の禁止，在米日本資産の凍結などの制裁措置を講じるとともに，イギリス，中国，オランダと協力してABCDライン（American-British-Chinese-Dutch Line）を敷いて対日経済封鎖を行った。これで，日米関係は最悪のものになった。

1941年10月，日米交渉の継続を主張した近衛に代わって開戦論者である陸軍の東條英機が内閣を組織した。翌月，アメリカの国務長官コーデル・ハル（Cordell Hull）は，日本軍の中国，インドシナからの全面撤退を内容とする「ハル・ノート」（Hull Note）を提示した。これで日米交渉は決裂し，日本は12月の御前会議で最終的にアメリカ，イギリス，オランダとの開戦を決定し，戦争への突入は避けられなくなった（図2-1）。

ハル

ハルは，1933年からF・ルーズベルト政権で2度国務長官を務めている。ラテン・アメリカ外交ではとくに手腕を発揮した。38年に起こったメキシコ米系石油会社国有化の際には，十分な迅速な実効的な（adequate, prompt and effective）補償を要求した「ハル原則」はとくに知られている。

真珠湾攻撃に対して長官執務室で激怒する模様は，映画『トラトラトラ！』で活写されている。

第二次大戦中からソビエト，イギリス，中国の代表らと会談し，国連憲章の原案の作成と国連の設立に尽力した。これが1945年のノーベル平和賞受賞につながった。

4　戦局の展開

1　勝利から敗北へ

1941年12月8日（ハワイ時間の7日），日本はまずイギリス領マラヤのコタバル（Kota Baru. マレー半島北東岸）への上陸を開始し，さらにハワイ真珠湾にあるアメリカ軍基地を攻撃し，事実上の戦闘状態に入った。この攻撃では，日本

---

4)　大日本帝国及「ソヴィエト」社会主義国連邦間中立条約。Neutrality Pact between the Soviet Union and Japan. 日ソ中立条約。

の部隊が戦艦4隻を撃沈したほか航空機231機を破壊するなど多大の損害を与えた。日本の宣戦布告はこの攻撃の後になったため，アメリカの戦意は高揚し，「リメンバー・パールハーバー」（Remember Pearl Harbor/真珠湾を忘れるな）が合言葉となった。アメリカ大統領F・ルーズベルト（Franklin Roosevelt）は，議会演説で日本を激しく非難し，日本と最後まで戦う決意を述べた。

　同日，アメリカとイギリスが対日宣戦布告をしたところ，11日にこんどはドイツとイタリアが対米宣戦布告をした。こうした衝突が世界戦争に発展していったのである。

　次いで日本軍はマレー沖海戦でイギリス東洋艦隊の主力を壊滅させ，先制攻撃による勝利を得た。開戦後半年で日本は香港，マレー半島，シンガポール，フィリピン，オランダ領東インド（蘭印。現，インドネシア），ビルマ（緬甸。現，ミャンマー）など西太平洋と東南アジアのほぼ全域を占領した。しかし，42年

図2-1　宣戦詔書

天佑ヲ保有シ萬世一系ノ皇祚ヲ踐メル大日本帝國天皇ハ昭ニ忠誠勇武ナル汝有衆ニ示ス。
朕茲ニ米國及英國ニ對シテ戦ヲ宣ス。朕ガ陸海將兵ハ全力ヲ奮テ交戰ニ從事シ，朕ガ百僚有司ハ勵精職務ヲ奉行シ，朕ガ衆庶ハ各々其ノ本分ヲ盡シ，億兆一心國家ノ總力ヲ擧ゲテ征戰ノ目的ヲ達成スルニ遺算ナカラムコトヲ期セヨ。
抑々東亞ノ安定ヲ確保シ，以テ世界ノ平和ニ寄與スルハ不顯ナル皇祖考丕承ナル皇考ノ作述セル遠猷ニシテ朕ガ拳々措カザル所，而シテ列國トノ交誼ヲ篤クシ，萬邦共榮ノ樂ヲ偕ニスルハ，之亦帝國ガ常ニ國交ノ要義ト爲ス所ナリ。今ヤ不幸ニシテ米英両國ト釁端ヲ開クニ至ル，洵ニ已ムヲ得ザルモノアリ，豈朕ガ志ナラムヤ。中華民國政府曩ニ帝國ノ眞意ヲ解セズ，濫ニ事ヲ構ヘテ東亞ノ平和ヲ攪亂シ，遂ニ帝國ヲシテ干戈ヲ執ルニ至ラシメ，茲ニ四年有餘ヲ經タリ。幸ニ國民政府更新スルアリ，帝國ハ之ト善隣ノ誼ヲ結ビ，相提携スルニ至レルモ，重慶ニ残存スル政權ハ米英ノ庇廕ヲ恃ミテ兄弟尚未ダ牆ニ相鬩グヲ悛メズ，米英両國ハ残存政權ヲ支援シテ東亞ノ禍亂ヲ助長シ，平和ノ美名ニ匿レテ東洋制覇ノ非望ヲ逞ウセムトス。剰ヘ與國ヲ誘ヒ帝國ノ周邊ニ於テ武備ヲ増強シテ我ニ挑戰シ，更ニ帝國ノ平和的通商ニ有ラユル妨害ヲ與ヘ，遂ニ經濟斷交ヲ敢テシ，帝國ノ生存ニ重大ナル脅威ヲ加フ。朕ハ政府ヲシテ事態ヲ平和ノ裡ニ回復セシメムトシ，隠忍久シキニ彌リタルモ，彼ハ毫モ交讓ノ精神ナク，徒ニ時局ノ解決ヲ遷延セシメテ此ノ間却ツテ益々經濟上軍事上ノ脅威ヲ増大シ，以テ我ヲ屈從セシメムトス。斯ノ如クニシテ推移セムカ，東亞安定ニ關スル帝國積年ノ努力ハ悉ク水泡ニ歸シ，帝國ノ存立亦正ニ危殆ニ瀕セリ。事既ニ此ニ至ル，帝國ハ今ヤ自存自衛ノ爲蹶然起ツテ一切ノ障礙ヲ破碎スルノ外ナキナリ。
皇祖皇宗ノ神靈上ニ在リ，朕ハ汝有衆ノ忠誠勇武ニ信倚シ，祖宗ノ遺業ヲ恢弘シ，速ニ禍根ヲ芟除シテ東亞永遠ノ平和ヲ確立シ，以テ帝國ノ光榮ヲ保全セムコトヲ期ス。
　御名御璽
　　昭和十六年十二月八日
筆者注：一部で常用漢字を使用。ルビは筆者。
出所：『官報』（号外）1941年12月8日より作成。

5月の珊瑚海海戦（Battle of the Coral Sea）と同年6月のミッドウェー海戦（Battle of the Midway）で，日本は一挙に制海・制空権を失い，戦局は逆転した。そして，この年の後半からアメリカ軍を中心とする連合国軍は本格的な反攻を開始し，翌年以降，日本軍はガダルカナル島（Guadalcanal Island），アッツ島（Attu Island）からの撤退を始めとして，次つぎと後退していった。

ミッドウェー海戦
　日本は，航空母艦4隻（赤城，加賀，蒼龍，飛龍）を中心とする47隻の機動部隊でミッドウェー米軍基地を攻撃した。しかし，日本海軍の暗号を解読し作戦行動のすべてを知っていたアメリカは，艦載機の急降下爆撃で日本軍に致命的な被害を与えた。日本は，上記空母4隻，重巡洋艦1隻，航空機約300機，将兵約3,000人を失った。他方，アメリカは空母1隻（Yorktown），航空機約150機の被害にとどまった。この海戦で中部太平洋での優位を失った日本は，以後連合軍の反撃に曝される。

2　アジアの抵抗運動

　日本は，アジアを欧米の支配から解放し共存共栄の「大東亜共栄圏」をつくりあげることが戦争の目的であるとしていた。そこで1943年（昭和18）にはビルマやフィリピンの独立政府を承認した。しかし，その実権は日本の手中にあった。占領地域では，石油，ゴム，ボーキサイトなどの資源を強引に調達し，現地住民を土木工事などにあたらせたほか，神社参拝を強制するなどの施策を進めたため，反日気運が高まった。とくにシンガポールやフィリピンでは，日本軍が多数の住民を殺害したため，抗日運動が広がった。

3　国内の挙国体制

　一方，国内では政府・軍部による戦時国家体制が確立された。1941年には，それまでの尋常小学校と高等小学校の設置に関する「小学校令」（明治33年勅令第344号）を大改正して「国民学校令」とし，ドイツの"Volksschule"と同じ名称の「国民学校」を発足させた。ここでは，徹底した皇国観と軍国主義に基づく教育を行わせた。

皇国民の錬成
　国民学校発足にあたって，文部大臣橋田邦彦は，「（狙ひは）皇国民の錬成といふことである。国家の望むところに叶った次代の立派な国民を養成することである」と説明した（『東京朝日新聞』1941年4月1日）。
　この4月，筆者（櫻井）は国民学校最初の1年生になる。

　1942年には，東條内閣の翼賛選挙で翼賛政治会が発足した。また大政翼賛会に大日本産業報国会・大日本婦人会などの官製国民運動団体を組み込んで大日本言論報国会を結成し，言論・思想統制を行った。さらに町内会・隣組をその末端組織とし，国民の生活の隅ずみまで国家権力による統制を実現した（翼賛会は，本土決戦の迫る戦争末期に国民義勇隊へ発展解消されるまで活動を続ける）。戦争が激しくなるにつれて生産能力は軍需目的に向けられ，生活物資が不足し，

国民は耐乏生活を強いられた。

戦局悪化で兵員不足が深刻になり，政府は1943年10月に「在学徴集延期臨時特例」を公布して，20歳以上の学生と生徒の徴兵を決定した（学徒出陣）。本土空襲はいよいよ激しくなり，日本の敗色は濃厚になった。1944年からは，国民学校の児童は，閣議決定の「学童疎開促進要綱」で疎開をさせられ，（旧制）中学生以上（女学生を含む）は，労働力不足を補うために勤労動員で軍需工場などに駆り出された。

このほか，占領地域から朝鮮人や中国人を強制連行し，鉱山・港湾などで重労働に従事させた。朝鮮人に対しては44年から徴兵制を適用，日本人に同化させる政策を強化し，日本語の使用や日本的家制度を導入するとともに，氏名を日本ふうにするなどのことを強制した。

5　戦争終結

1　ヨーロッパ戦線の終結

1943年，アメリカ大統領ルーズベルト，イギリス首相チャーチル（Winston L. S. Churchill），中華民国総統蒋介石の3カ国首脳が「カイロ会談」（Cairo Conference. エジプト）をもち，日本に対する徹底攻撃と日本の植民地を独立または返還させることを内容とする「カイロ宣言」[5]を発表した。

同年にはシチリア島（イタリア）に米英連合国軍（Allied Forces）が上陸し，枢軸国（the Axes）側の一角が崩れた。日本軍の敗色もまた濃厚となっ

5)　Cairo Declaration. Nobember, 27, 1943

学徒出陣

1943年10月には文部省が神宮外苑陸上競技場（現, 国立競技場）で出陣学徒壮行会を主催し, 7万の学生を集めた。政府は学生を整列させて東條英機の演説を聞かせ, 降りしきる雨の中トラックを行進させた。徴兵された学生・生徒の総数は13万人, その多くは中国大陸や南方戦線や南太平洋に送られ, そこで戦死した。戦没学生の手記は『きけわだつみのこえ』（岩波文庫）にまとめられている。

学童疎開促進要綱（昭和19年閣議決定）
防空上ノ必要ニ鑑ミ（略）学童ノ疎開ヲ（略）強度ニ促進スルモノトス
記
一. 学童ノ疎開ハ縁故疎開ニ依ルヲ原則トシ（略）学童ノ単身疎開ヲ一層強力ニ勧奨スルモノトス
二. 縁故疎開ニ依リ難キ帝都ノ学童ニ付テハ（略）帝都学童集団疎開実施要領ニ依リ（略）集団疎開ヲ実施スルモノトス（略）
三. 本件ノ実施ニ当リテハ疎開, 受入両者ノ間ニ於テ共同防衛ノ精神ニ基ク有機一体的ノ協力ヲ為スモノトス.
四. （略）

帝都学童集団疎開実施要領
第一　集団疎開セシムベキ学童ノ範囲区部ノ国民学校初等科三年以上六年迄ノ児童ニシテ親戚縁故先等ニ疎開シ難キモノトシ計画的ニ之ヲ定ムルモノトス
第二　（略）
第三　疎開先ノ宿舎　一. 宿舎ハ（略）旅館（略）寺院（略）別荘等ヲ（略）充テ集団的ニ収容スルモノトス　二. ～三. （略）
第四　疎開先ノ教育　一. 疎開先ノ教育ハ（略）疎開援助ヲ為スモノトス　二. （略）　三. 疎開先ニ於テハ（略）学童ヲシテ適当ナル勤労作業ニ従事セシムルモノトス　四. ～五. , 第五～八（略）
筆者は, 疎開先の学校の校庭で, 近くの飛行場の戦闘機を隠す荒縄の大きな網を編む勤労作業に参加させられた。

た。

　同43年11月から12月にかけてアメリカ，ソビエト，イギリスの連合国の最高
首脳が「テヘラン会談」（Teheran Conference. イラン）をもち，戦争遂行上の作
戦を討議した。この会談は，ソビエトのスターリン（Joseph Stalin）が加わった
初の連合国軍事会談であった。ここでは，翌44年5月1日を期して連合国軍が
北フランスに上陸することが決定され，またスターリンはドイツ降伏後速やか
に対日参戦をすることを約束した。

　ここで，ヨーロッパ戦線の推移をまとめておく。北アフリカで枢軸国軍を
破った連合国軍は，イタリアに上陸して勢力を北に広げる一方，史上最大の陸
海軍共同作戦を決行した。44年6月には，アイゼンハワー（Dwight D.
Eisenhower）を最高司令官とする連合国軍は「ノルマンディ上陸」（Normandie
Landing）を開始し，作戦を成功させた。7月20日，ドイツでは国防軍将校グ
ループがヒトラー暗殺を企てたが，彼は奇跡的に難を逃れ，徹底抗戦の決意を
示した。ヒトラーは，45年4月のルーズベルトの死による西側連合国とソビエ
トとの不和を期待したが，同月30日に総統官邸で自殺し，ナチス・ドイツは崩
壊した。イタリアでも同月28日にムッソリーニ（Benito Mussolini）がイタリア
人パルチザン（partisan/ partizan）に殺され，5月
2日にイタリアに配置されたドイツ軍も降伏した。
同月7日，ヒトラーの後任デーニッツ（Karl Dönitz）
はアイゼンハワー司令部で無条件降伏に応じ，こ
こにヨーロッパでの戦争は終結した。

> パルチザン
> 　今でいうゲリラ。第二次大戦当時の
> 対ドイツ占領軍抵抗武装組織。この言
> 葉は中世イタリア語の小さな組織をあ
> らわす「パルティヂアーノ」（partigia-
> no/parteggiare）に由来する。

2　日本軍の敗北

　さてアジアでは，1944年に入って日本軍が占領地域から撤退を始めた。10月
以降，日本軍はビルマから撤退を始め，翌年5月には連合軍がビルマ全土を奪
還した。44年6月，アメリカ軍はマリアナ諸島（Mariana Islands）に上陸した。
7月には激戦の末にサイパン（Saipan）が陥落した。この後アメリカ側は8月
初めまでにサイパンのほかグアム（Guam），テニアン島（Tenian Island）を占領
した。そして，この頃からサイパンから日本本土空襲が繰り返されるように
なった。

　10月以降，アメリカ軍はレイテ島（Leyte Island）上陸に成功してフィリピン

に進攻した。この間，日本海軍はアメリカ海軍に対して6月と10月に決戦を挑んだが，いずれも大敗した。ひとつはフィリピン海海戦（Battle of the Philippine Sea/Mariana Turkey Shoot），もうひとつはレイテ湾海戦（Battle of Leyte Gulf）である。この二つの海戦で，日本軍は空母6隻，戦闘機約850機を失い，ここに日本軍の組織的抵抗は崩壊した。

1945年（昭和20）3月の東京大空襲では約10万人が死亡，日本の主な都市は焦土と化した。

同月，アメリカ軍はフィリピンをほぼ制圧し，2月から3月にかけて硫黄島の戦いでこれを奪取，日本軍は玉砕した。4月にはアメリカ軍が沖縄本島に上陸を始めた。日本側は多くの非戦闘員を含む19万人の死者を出した。3カ月にわたる戦いの中で，「ひめゆり隊」の女子生徒らが悲劇的な最期をとげたほか，日米両軍による県民虐殺事件が起こった。

日本軍はフィリピン戦で初めて「神風」攻撃を行い，また沖縄では島民を総動員して抵抗したが，6月23日に全島で日本軍の抵抗は終わった。

マリアナ諸島と硫黄島が陥落して，アメリカ軍の日本本土空襲はさらに激化した。アメリカ空軍のB-29爆撃機は，グアム，サイパン基地を発ち，硫黄島基地の戦闘機に護衛されて日本の都市や軍需工場などを破壊した。日本はこうして南方資源地帯との連絡を絶たれ，敗北は時間の問題となった。

3　ポツダム宣言

この間の1945年2月，ヤルタ（Yalta．クリミア半島）で，ルーズベルト，チャーチル，スターリンが「ヤルタ会談」（Yalta Conference）を開き，ドイツの戦後処理とともにソビエトの対日参戦を話し

硫黄島
硫黄島には6万強のアメリカ海兵隊が上陸した。孤立無援の日本守備隊約2万は地下陣地をつくって抵抗したが，「チチジマノミナサン サヨウナラ」（父島の皆さん さようなら）の通信を最後に，3月26日，残兵800人が突撃して玉砕した。この戦いで日本側はほぼ全員が死傷，アメリカ側の被害も2万9,000人にのぼった。

沖縄戦
筆者（櫻井）の従兄は陸軍の軍人だった。戦況が怪しくなった或る日，筆者を連れて二重橋前へ。その後，沖縄で戦死したことを疎開先で知らされた。遺族に届けられた骨箱には，花びらと小石だけが入っていたという。

ひめゆり隊（ひめゆり部隊）
これは，太平洋戦争末期の沖縄戦の際に組織された女学生の学徒看護隊の戦後の通称である。任務は傷病兵の看護であった。320人のうち170人は戦死又は自決した。摩文仁村伊原（糸満市）の洞窟では49人が集団自決をした。「ひめゆり隊」の名称はそこに建てられた「ひめゆりの塔」に由来する。

神風特攻隊
レイテ湾海戦で神風特別攻撃隊が初めて編成され，250キロ爆弾を積んだ航空機が，アメリカ艦艇にパイロットもろとも体当たりした。アメリカ軍はこれを「カミカゼ」といっておそれた。それ以後，沖縄戦を始めとして特攻は日本の主な戦法となった。しかし，この戦法は敵に通ぜず，航空機の突入・未帰還機数は約2,500機にのぼった。

表 2-1　第二次大戦での主な参戦国の犠牲者数

国　名		兵　員		一般市民
		死　亡	行方不明	死　亡
連合国側	ア メ リ カ	41万	—	—
	イ ギ リ ス	35万	9 万	6 万
	フ ラ ン ス	17万	—	18万
	ポーランド	(600万)		
	ソ ビ エ ト	(2,000万)		
	中　　国	(1,000万〜1,300万)		
枢軸国側	ド イ ツ	210万	290万	50万
	イ タ リ ア	39万	22万	18万
	日　本注	230万		約80万

注：日本の兵員には，朝鮮・台湾の兵員犠牲者約 5 万を含む。
出所：*World Almanac and Book of Fact* ほかより作成。

合った。スターリンは，樺太（現，サハリン〈Sakhalin〉）南部，千島列島などの獲得と引き換えに，ドイツ降伏後90日以内に日本と開戦することを約束した。

　6 月にはサンフランシスコで開かれていた「国際連合創設会議」（San Francisco Conference Establishing the United Nations）で「国際連合憲章」[6]が署名され，アメリカ，ソビエトを中心とする戦後世界の国際秩序の輪郭があらわれてきた（本書第 3 章参照）。

　さらに，ドイツの無条件降伏（unconditional surrender）のあと45年 7 月から 8 月にかけてポツダム（Potsdam. ベルリン郊外）で，アメリカ新大統領トルーマン（Harry S. Truman），スターリン，チャーチル（会談途中で新首相アトリー〈Clement R. Atlee〉と交代）が参加し，ポツダム会談（Potsdam Conference）を開いた。そこで発した「ポツダム宣言」[7]では日本に無条件降伏をせまった。

4　無条件降伏

　日本はこのポツダム宣言を黙殺したが，アメリカは，日本がポツダム宣言を拒否したことを理由に1945年 8 月 6 日には広島，次いで 9 日には長崎に原子爆弾を投下した。原爆による被爆当日の死者は広島で約 2 万6,000人，長崎で約

---

　6)　Charter of the United Nations. Signed: June 1945, Effective: October 1945.
　7)　Potsdam Declaration, July 1945.

24

1万4,000人，その後の両市の被爆による死者は約30万人と推定されている。

　小磯國昭内閣を引き継いだ鈴木貫太郎内閣は，ソビエトを仲介とする和平工作を進めたが，先述のようにソビエトは対日参戦の密約をヤルタ会談で取り決めていた。8月8日には，ソビエトが日本に宣戦布告をして満州（現，中国東北部）・樺太・千島列島などへの進攻を開始した。こうした広島・長崎への原爆投下とソビエトの対日参戦で，ついに日本の命運は尽きた。

　日本政府と軍首脳部は，天皇（昭和天皇）の裁断でポツダム宣言受諾を決定し，8月14日に連合国側に通告，15日に天皇自身のラジオ放送（玉音放送）を通じて，国民に知らせた（図2-2）。

　45年（昭和20）8月14日，日本は降伏を決定し，同年9月2日に東京湾に停泊する戦艦ミズーリ号艦上で連合国代表ダグラス・マッカーサー（Douglas MacAuthur）との間で降伏書に署名した。ここに，4年間にわたる太平洋戦争

図2-2　終戦詔書（ポツダム宣言受諾詔書）

朕深ク世界ノ大勢ト帝國ノ現状トニ鑑ミ，非常ノ措置ヲ以テ時局ヲ収拾セムト欲シ，茲ニ忠良ナル爾臣民ニ告グ。

朕ハ帝國政府ヲシテ米英支蘇四國ニ對シ其ノ共同宣言ヲ受諾スル旨通告セシメタリ。

抑々帝國臣民ノ康寧ヲ圖リ萬邦共榮ノ樂ヲ偕ニスルハ皇祖皇宗ノ遺範ニシテ朕ノ拳々措カザル所，曩ニ米英二國ニ宣戦セル所以モ亦實ニ帝國ノ自存ト東亞ノ安定トヲ庶幾スルニ出テ，他國ノ主權ヲ排シ領土ヲ侵スガ如キハ固ヨリ朕ガ志ニアラズ。然ルニ交戦已ニ四歳ヲ閲シ，朕ガ陸海將兵ノ勇戦，朕ガ百僚有司ノ勵精，朕ガ一億衆庶ノ奉公，各々最善ヲ盡セルニ拘ラズ戦局必ズシモ好轉セズ。世界ノ大勢亦我ニ利アラズ。加之敵ハ新ニ殘虐ナル爆彈ヲ使用シテ頻ニ無辜ヲ殺傷シ慘害ノ及ブ所眞ニ測ルベカラザルニ至ル。而モ尚交戦ヲ繼續セムカ，終ニ我ガ民族ノ滅亡ヲ招來スルノミナラズ延テ人類ノ文明ヲモ破却スベシ。斯ノ如クハ朕何ヲ以テカ億兆ノ赤子ヲ保シ皇祖皇宗ノ神靈ニ謝セムヤ。是レ朕ガ帝國政府ヲシテ共同宣言ニ應ゼシムルニ至レル所以ナリ。

朕ハ帝國ト共ニ終始東亞ノ解放ニ協力セル諸盟邦ニ対シ遺憾ノ意ヲ表セザルヲ得ズ。帝國臣民ニシテ戦陣ニ死シ職域ニ殉ジ非命ニ斃レタル者及其ノ遺族ニ想ヲ致セバ五内爲ニ裂ク。且戦傷ヲ負ヒ災禍ヲ蒙リ家業ヲ失ヒタル者ノ厚生ニ至リテハ，朕ノ深ク軫念スル所ナリ。惟フニ今後帝國ノ受クベキ苦難ハ固ヨリ尋常ニアラズ。爾臣民ノ衷情モ朕善ク之ヲ知ル。然レドモ朕ハ時運ノ趨ク所堪ヘ難キヲ堪ヘ忍ビ難キヲ忍ビ，以テ萬世ノ爲ニ太平ヲ開カムト欲ス。

朕ハ茲ニ國體ヲ護持シ得テ忠良ナル爾臣民ノ赤誠ニ信倚シ，常ニ爾臣民ト共ニ在リ。若シ夫レ情ノ激スル所，濫ニ事端ヲ滋クシ或ハ同胞排擠互ニ時局ヲ亂リ爲ニ大道ヲ誤リ信義ヲ世界ニ失フガ如キハ朕最モ之ヲ戒ム。宜シク擧國一家子孫相傳ヘ，確ク神洲ノ不滅ヲ信ジ任重クシテ道遠キヲ念ヒ，總力ヲ將來ノ建設ニ傾ケ，道義ヲ篤クシ志操ヲ鞏クシ，誓テ國體ノ精華ヲ發揚シ，世界ノ進運ニ後レザラムコトヲ期スベシ。爾臣民其レ克ク朕ガ意ヲ體セヨ。

　御名御璽

　　昭和二十年八月十四日

筆者注：一部で常用漢字を使用。ルビは筆者。この詔書の総字数は814字（天皇御爾の印影を除く）。
出所：『官報』（号外）1945年8月14日より作成。

は終わった。主要参戦国の死亡者数は，5,000万人をこえた。

5 日本占領と東京裁判

日本は，ポツダム宣言に基づいて連合国軍に占領されることとなり，1945年9月，東京にGHQ（General Headquarters/Supreme Commander for the Allied Powers GHQ/SCAP. 連合国最高司令官総司令部）が置かれ，マッカーサーが最高司令官に任命された。連合軍11カ国の代表で構成された最高機関としての極東委員会（Far Eastern Commission）とその下部機関としての対日理事会（Allied Council for Japan）は置かれていたが，主導権は事実上アメリカが握っていた。以後7年近くにわたって，マッカーサーの指令・勧告に基づく占領政策が行われ，日本の非軍事化と民主化が進められた。

46年からは東京裁判（Tokyo Trial. International Military Tribunal for the Far East. IMTFE. 極東国際軍事裁判）が始まり，東條英機ら28人が戦争犯罪人として有罪判決を受けた。国家の指導者を国際法廷で処罰したのは，ニュルンベルク裁判（Nürnberg Trial）とともに歴史上初めてのことであった。

この裁判についてはさまざまな評価がなされている。欧米では判事や関係者による指摘が起こり，国際法学者の間でも議論がされてきた。参考までに，日本政府は，「サンフランシスコ平和条約」（日本国との平和条約）[8]で「日本国は，極東国際軍事裁判所並びに日本国内及び国外の他の連合国戦争犯罪法廷の裁判（英文では"judgements"）を受諾」と定めたので，異議は申し立てないとの立場をとっている。

東京裁判
戦後，夕方にラジオからバッハの「トッカータとフーガ」が流れ，東京裁判ニュースが始まった。法廷の建物は，今でも東京市谷の旧陸軍省の敷地（現，防衛省敷地）に残っている。

老兵は死なず
マッカーサーの執務室は，東京の第一生命ビルのなかに残されている。筆者も数十年前この記念室に入っているが，現在は調度品などの陳列がだいぶ変わっている。

マッカーサーは，1950年に朝鮮戦争が勃発すると連合国最高司令官のまま国連軍総司令官に任命され，苦戦を逆転した。しかし，トルーマン大統領に抵抗して朝鮮戦争の継続と中国との全面戦争を主張したため，翌51年にトルーマンから解任された。日本在任は約2000日におよんだ。帰国後，マッカーサーは議会演説のなかに次のような名文句を入れた。
"Old Soldiers Never Die.
They Just Fade Away."
（老兵は死なず，ただ消え行くのみ）

6 日本人の嫌戦感

終戦から80年近く経った今，世界各地で政治不安が高まっている。参考までに，日本人の嫌戦意識に関する調査結果のひとつを示す（表2-2）。設問は

8) Treaty of Peace with Japan. September 8, 1951. 日本国との平和条約（サンフランシスコ平和条約）。

表2-2　日本人の嫌戦意識調査（抜粋）
——戦争が起きたら，自分は国のために戦うか（％）

	1981	1990	1995	2000	2005
日本	20	10	17	17	15
中国		93	89	90	76
韓国	74	85	82	74	72
ロシア		68	69	64	61
アメリカ					63
イギリス	62	67			51
ドイツ		34	43	30	28
フランス	42	54		49	52
イタリア	30	25		52	36
ポーランド		78	72		
スウェーデン	78	78	85		80

出所：Juan Díes-Nicolás,"Cultural Differences on Values about Conflict,
War and Peace," *World Values Research*, Vol. 3 , no. 1 , 2010より
作成。
　この調査は，スウェーデンの World Values Survey Assoc. が
各国で実施しているアンケート表による面接調査。調査項目は
約250，回答者は約9万人。

「戦争が起きたら，自国のために戦うか」である。数字は「戦う」と答えた人
の比率。日本人回答者は，2005年に限っていえば，15パーセントが「戦う」と
答えたが，46パーセントは「戦わない」と答え，残り39パーセントは「わから
ない」と答えている（無回答者は0）。

第3章　国際連合と法

1　国連とは何か

1　一般

　国際連合（United Nations）は，第二次大戦後に創設された国家間の組織である。その目的は，戦争を抑止し，国際平和と安全を維持し，社会の発展と生活水準向上を促進し，各国の友好関係を進展させ，国際協力を樹立することにある。その目的のために，国連憲章原則を厳守させて加盟国をひとつに結ぼうということである。

　国連の本体は，①総会，②安全保障理事会（安保理），③経済社会理事会（経社理），④信託統治理事会，⑤国際司法裁判所，⑥事務局の六つの主要機関から構成されている。

　国連にはほかに約20の専門機関（Specialized agencies. 本章**2.3**参照）があり，それぞれがさまざまな分野で活動をしている。これらの機関は，国連本部と総会が決定事項を実行するために設置する活動計画，各種委員会，各種基金とともに，「国連システム」（UN System）を構成している。

2　国連の前身

　国連の前身は，国際連盟（League of Nations）である。これは，19世紀後半から20世紀前半にかけて行われた一連の国際外交会議に由来するものである。設置の目的は，第一次大戦の再現を防止することであった。

　国際連盟は，「ベルサイユ条約」[1]の一環として

国際連盟脱退と松岡洋右

　松岡は，1933年ジュネーブの国際連盟特別総会に首席全権として出席した。松岡はそこで「満州国」批判決議に抗議して退場した。これで日本は国際連盟を脱退することになる。

　35年，満鉄（南満州鉄道株式会社）総裁に就任してからは軍とともに中国への武力進出をおし進めた。1940～41年，第二次近衛内閣の外務大臣として「日独伊三国同盟条約」に署名した。そのうえで日中戦争をきっかけに冷えきった対米関係の打開をはかるが，41年6月に独ソ戦が勃発したため，松岡外交は失敗した。戦後，東京裁判でA級戦犯として起訴されたが，裁判中に獄中で病死した。

1919年のパリ平和会議（Paris Peace Conference）で創設された。創設時のメンバーは，第一次大戦の戦勝国（ベルサイユ条約を批准しなかったアメリカを除く）とほかの中立国であった。

「国際連盟規約」[2]によると，この機構は，①軍縮の必要，②常設国際司法裁判所（Permanent Court of International Justice）の設置，③領土保全の尊重，④侵略国に対する制裁などの問題を扱うものとされていた。連盟はまた，麻薬取締り，難民救済，国際労働関係の分野で先駆的な役割を果たした。しかしながら，国際連盟が実際に行動手続をとったことはなかった。きわめて高邁な目標を掲げてはいたが，それを実地に試すことがなかったということである。

連盟崩壊の後に訪れたのは，史上最悪の第二次大戦である。国際連合の構想は，この戦闘の継続中に生まれたものである。国際連盟は1946年に解散した。そして，その資産，所有物，機能の一部は，国際連合に譲渡された。国際連盟という試みは，当初の目的こそ達成できなかったものの，貴重な教訓を残した。

3　国連憲章

"United Nations"という名称は，F・ルーズベルト（第2章**4.1**参照）が発案したものである。「国際連合憲章」[3]は，連合国会議の最終日の1945年6月26日にサンフランシスコで署名された。前文は，戦争の惨害から将来の世代を救う決意をうたっている。同時に，人権ならびに男女および大小各国の同権に関する信念を確認するとともに，正義と国際法遵守が維持できる条件を確立し，より大きな自由のなかで社会的進歩と生活水準の向上を促進するという意図を表明している。

国連は，安保理の常任理事国である中国，フランス，ソビエト，イギリス，アメリカとその他46署名国の過半数すなわち24カ国計29カ国の批准書寄託で，1945年10月に発足した。2020年現在，加盟国数は193である。

国連の目的は，本章冒頭に記したとおり次の四つである。すなわち，①国際平和と安全を維持すること，②諸国間の友好関係を発展させること，③経済的，社会的，文化的，人道的問題を解決し，人権と基本的自由の尊重を図るため，

---

1)　Treaty of Versailles. Signed：June 1919, Effective：January 1920.
2)　Covenant of the League of Nations. Signed：June 1919, Effective：January 1920.
3)　第2章注6参照。

国際協力を行うこと，④これら共通の目的を達成するにあたって，諸国間の活動の調和をはかるための中心的存在となることである（憲章1条）。

　国連の基盤を形づくる原則は，次の五つである。すなわち，①国連は，すべての加盟国の主権平等の原則に基盤を置く，②すべての加盟国は，憲章に従って義務を誠実に履行する，③すべての加盟国は，その国際紛争を平和的手段で解決する，④すべての加盟国は，その国際関係で武力による威嚇または武力の行使を慎む，⑤すべての加盟国は，国連が憲章に従って行動をとる場合には国連にあらゆる援助を与え，国連が予防的または強制的行動をとっている国に対しては援助の供与を慎む（同2条）。

　憲章はまた，国際の平和と安全の維持に必要なかぎり，非加盟国がこれらの原則に従って行動することを確保する旨定めている。憲章のいかなる規定も，本質的にその国の国内問題である事項には干渉する権限を国連に与えるものではない。ただし，平和に対する脅威，平和の破壊と侵略行為に関して強制措置が必要な場合には，そのかぎりではない。

2　国連の機構

1　総会

　総会（General Assembly. GA）は，国連の主要な審議機関である（図3-1）。総会は全加盟国の代表から構成され，国には1票が与えられている。次のような重要問題の表決には，出席し投票した加盟国の3分の2の多数決が必要である。すなわち，①平和と安全保障に関する勧告，②安全保障理事会の非常任理事国の選出，③経済社会理事会および信託統治理事会の理事国のうち選挙によって選ばれる理事国の選出，④新加盟国の承認，⑤加盟国の権利停止や除名，⑥信託統治問題や予算事項。そのほかの問題については，単純多数決で表決される。

　総会は，各国政府に対していかなる行動も強制する権限も有しない。その影響力は世界の世論の総意としての勧告（Recommendation）というかたちで行使される。総会は，憲章の範囲内の問題または憲章のもとに設置された国連機関に関する問題について審議し，加盟国もしくは安全保障理事会またはその双方に勧告する。ただし，安全保障理事会が現に審議中の紛争または事態について

図3-1　国連の主要機関

＊1994年に，信託統治地域パラオが独立したため，その任務を停止している。出所：国連資料より作成。

は，理事会から要請がないかぎり勧告しない。

　総会は，平和と安全を維持するための協力の原則を審議する。そのなかには，軍縮や軍備規制を管理する原則も含まれる。総会は，加盟国，安全保障理事会または事前に憲章にある平和的解決の義務を受け入れた非加盟国から提起された平和と安全に関する問題について審議する。そして，その問題が安全保障理事会で現に審議中である場合を除き，当該国家もしくは関連諸国家もしくは理事会またはその双方に勧告を行うことになる。

　総会は，国連の財政を管理し，通常予算を承認し，加盟各国への分担金を割り当てる。また総会は，専門機関（本節3参照）の運営予算の審査を行っている。

2　安全保障理事会

　安全保障理事会（Security Council. 安保理）は，憲章に基づいて国際平和と安全を維持するうえで主要な責任を有する機関である。理事会は，中国，フランス，ロシア，イギリス，アメリカの5カ国の常任理事国（Permanent members）と10カ国の非常任理事国（Non-permanent members）で構成されている。理事国は，それぞれ1票の投票権を有する。提案の採択は，通常9カ国以上の賛成による。手続事項以外の問題に関する常任理事国の反対投票は「拒否権」（Veto）とよばれ，9カ国の賛成があっても決議案または提議（Proposal）を否決する

ことができる。これが，「大国一致の原則」（Rule of great power unanimity）とい
われるものである。

　憲章に基づいて，すべての国連国は安保理の決定を受け入れ，それを履行す
ることに合意している。国連の他の機関が各国政府に勧告を行うにとどまるの
に対して，安保理だけはその決定を行使する権限を有している。全加盟国には，
憲章に基づいてその決定を受け入れ履行する義務がある。

　安保理は，国際紛争に発展するおそれがある揉めごとまたは状況に関して調
査を行い，その調整方法または解決の条件を勧告する。国際平和や安全を脅か
すような揉めごとまたは状況に関する情報は，国連加盟国または総会もしくは
事務総長によってもたらされる。争いの当事国である非加盟国も，事前に憲章
に定められた平和的解決の義務を受け入れれば，その問題を総会に持ち込むこ
とができる。

　安保理は，それが平和に対する脅威，平和の破壊，また侵略行為であると認
められた場合には国際平和と安全の維持または回復のために勧告を行うことに
なる。理事会はまた，侵略者に対して，経済制裁や，武力行使を除くその他措
置をとるよう加盟国に要請するなど，強制措置をとることができる。これらの
措置では不十分であると認められた場合には，軍事行動に訴えることができる。

　憲章に基づいて全加盟国は，理事会の発議で取り決めた特別協定に従って安
保理の要請に応じて国際平和と安全の維持に必要な軍隊，援助，施設を提供す
ることを約束している。

　安保理理事国以外の加盟国は，審議中の事項がその国の利害にとくに関係が
あると理事会が認めた場合には，理事会に参加することができるが投票権はな
い。

3　経済社会理事会

　経済社会理事会（Economic and Social Council. ECOSOC. 経社理）は，総会の権限
のもとで機能し，国連と専門機関の経済社会活動を調整する。経社理は，開発，
世界貿易，産業化，天然資源，人権，女性の地位，人口，社会福祉，教育，保
健とその関連分野，科学技術，犯罪の防止，麻薬取締りその他の経済社会問題
における国際協力に関して勧告し，活動を発議する。

　経社理は，54カ国，3年任期で構成される。毎年，任期が切れる3分の1の

18カ国が入れ替えられる。経社理の表決は，単純多数決であり，各理事国が1票を有する。

　憲章は，経社理に対して主に六つの権限を与えている。すなわち，①経済，社会，文化，教育と保健に関連する問題に関する研究を行い，国際行動の必要性を勧告する，②人権と基本的自由の尊重を推進する，③その権限に属する事項について国際会議を招集し，総会に提出する条約の草案を作成する，④専門機関との間で，各機関と国連との連携関係の条件に関する連携協定（Relationship agreement）を結び，各機関の活動を調整する，⑤議会の承認を得た加盟国に対して，また専門機関からの要請に対して，役務を提供する，⑥その権限内にある事項に関係ある民間団体との協議にあたる。

　経社理に定期報告をする専門機関には，国際労働機関（International Labour Organization. ILO），国連食糧農業機関（Food and Agriculture Organization of the United Nations. FAO），国際連合教育科学文化機関（United Nations Educational, Scientific and Cultural Organization. ユネスコ），世界保健機関（World Health Organization. WHO），国際復興開発銀行（International Bank for Reconstruction and Development, IBRD. 世界銀行），国際通貨基金（International Monetary Fund. IMF）などがある。

　経社理の関連機関のなかには，国際原子力機関（International Atomic Energy Agency. IAEA）や世界貿易機関（World Trade Organization. WTO）もある。

4　信託統治理事会

　信託統治理事会（Trusteeship Council）は，国際連盟の委任統治を継承・発展させた信託統治制度を担うために，国連の主要機関のひとつとして位置づけられた。1994年に最後の信託統治地域（戦略地区）パラオが独立したために，議題に残る地域がなくなり，同理事会はその実質的活動を停止している。

5　国際司法裁判所

　国連加盟国はすべて，国際司法裁判所（International Court of Justice. ICJ）規程の当事国である。ICJ は，民間の個人に対しては開放されていない。ICJ の裁判官は15人である。同一国籍の裁判官が2人選出されることはない。任期は9年で，再選が可能である。

6　事務局

　事務局（Secretariat）は日常の業務を行っている。総会は，安保理の勧告に基

づいて，5年の任期で事務総長（Secretary-General）を任命する。事務局員の数は2018年末現在3,107人，国連システム（図3-1）全体では3万7,505人である。

　事務総長は，世界の平和を脅かすと認める問題に関して安保理に注意をうながす。また，総会や国連のその他組織に議題を提案する。さらに，加盟国間の紛争でレフェリーの役を務め，問題を解決することもある。

　事務局の主な仕事は，次のとおりである。すなわち，①平和維持活動の管理，②世界的関心事である諸問題に関する国際会議の開催，③世界経済と社会の動向と問題点の調査，④人権や軍縮などの問題に関する研究，⑤世界の報道機関に対する国連に関する情報の提供。

3　国連の活動

1　主な活動

　現在行われている国連の活動には，次のようなものがある。すなわち，①平和維持（Peacekeeping. 本章3.2，第4章参照），紛争調停（Peacemaking），軍縮（disarmament），地雷撤去（Mine clearance），人権（第5章参照），アパルトヘイト（Apartheid. 第5章参照），ボランティア，国際法（テロリズム，人質，宇宙空間，海洋法。本章4参照）。

　主な活動はほかの各論で取り上げることとし，ここでは平和維持と国際法の諸問題について少し触れておく。

2　平和維持活動

　国連平和維持活動（Peacekeeping Operations. PKO）は，国連が平和と安全に直接たずさわる活動である（第4章2参照）。冷戦後カンボジアに展開した国連カンボジア暫定機構（United Nations Transnational Authority in Cambodia. UNTAC）の活動成果などを受け，国連は停戦監視に加えて広範な任務をPKOに与えてきている。

　これまでさまざまなかたちのPKOが相応の貢献をしてきた。平和定着のための国際社会の関わり方は，和平の努力や多国籍軍派遣から国づくり支援まで多様であるが，PKOの役割は平和の芽生えを定着させることとされている。

　2020年8月現在，活動中のPKOは，次のとおりである。すなわち，PKOは

累計でPKO71と特別政治ミッション1，このうち活動中のものは，PKO13と
特別政治ミッション1である（図3-2）。日本も，1992年の「国際平和協力法」
に基づいてPKOへの協力を含む国際平和協力を実施してきている。このうち，
東チモール，スーダン，モザンビーク，ハイチ，ゴラン高原，カンボジアにお
けるPKO活動への参加は終了し，現在は国連南スーダン共和国派遣団（UN-
MISS。図3-2）に司令部要員を派遣している。

4　国連と国際法

1　法における国連の役割

　法律関係で国連が果たす役割は，憲章にあるように，各国間の紛争の平和的
解決を促進し，国際法の発達と法典化を奨励することである。法案の起草にあ
たって国連が果たすべき役割は，加盟国の上位にあって法的支配を行う国際政

図3-2　活動中のPKO（特別政治ミッション1を含む。2020年3月現在）
国連休戦監視機構（United Nations Truce Supervision Organization. UNTSO）1948～
国連インド・パキスタン軍事監視団（United Nations Military Observer Group in India and
　Pakistan. UNMOGIP）1949～
国連キプロス監視隊（United Nations Peacekeeping Force in Cyprus. UNFICYP）1964～
国連兵力引離し監視隊（United Nations Disengagement Observer Force. UNDOF）1974～
国連レバノン暫定隊（United Nations Interim Force in Lebanon. UNIFIL）1978～
国連西サハラ住民投票監視団（United Nations Mission for the Referendum in Western Sahara.
　MINURSO）1991～
国連コソボ暫定行政ミッション（United Nations Interim Administration Mission in Kosovo.
　UNMIK）1999～
国連アフガニスタン支援ミッション（United Nations Assistance Mission in Afghanistan.
　UNAMA.特別政治ミッション）2002～
国連アフリカ連合ダルフール派遣団（African Union/United Nations Hybrid Operation in
　Darfur. UNAMID）2007～
国連機構コンゴ民主共和国安定化ミッション（United Nations Organization Stabilization Mis-
　sion in the Democratic Republic of the Congo. MONUSCO）2010～
国連アビエイ暫定安全保障軍（United Nations Organization Interim Security Force for Abyei.
　UNISFA）2011～
南スーダン共和国派遣団（United Nations Mission in the Republic of South Sudan. UNMISS）
　2011～
国連マリ多元統合安定化ミッション（United Nations Multidimensional Integrated Stabilization
　Mission in Mali. MINUSMA.）2013～
国連多面的統合安定化ミッション（United Nations Multidimensional Integrated Stabilization
　Mission in the Central African Republic. MINUSCA）2014～

治機構として行動することではない。利害関係を生じる特定の分野を系統的に審議し，すでに存在する慣習法を法典化することまたは必要に応じて新しい法を制定することを奨励するところにある。

　各国はさまざまな目的でこうした作業に積極的に参加するようになってきたが，その基本的な目的は国際平和・安全の維持と広く容認された慣習法の支配とを結びつけることになる。

　また，人間の力がおよばなかった大気圏外空間や深海底のような分野にも法的規制を設けるということで，国連はこれにも相応の役割を果たしてきている。

2　国際テロリズム

　戦後，国家の指導者，外交使節，外国旅行客や民間人を標的にした暴力行為がひんぱんに発生するようになった。このため，国連総会は1972年，テロリズムの問題をその議題に組み入れ，「国際テロリズムに関する特別委員会」（Ad Hoc Committee on International Terrorism）を設置した。1977年に総会は特別委員にテロリズムの背景にある原因を究明し，それを根絶する実際的な措置を勧告するよう要請した。

　総会は，1979年，国際的テロ行為対策における国際協力の重要性を強調し，特別委員会の報告書を採択した。この報告書は，人間の生命を危機に曝したり奪ったり基本的自由を危うくしたりするすべての国際的テロ行為および住民が有する自決と独立の合法的権利を否定する植民地支配政権，人権差別政権と外国の政権による抑圧的かつテロ行為的な行動の継続を非難している。そして，各国に対して，国際テロの根本的な原因を排除するよううながしている。

　総会は，1994年，「国際テロリズムを排除するための措置に関する宣言」[4]を採択し，テロ行為はどこで誰によって行われたかを問わずすべて犯罪であり正当化できないものとして非難した。各国には，国と国際的なレベルで国際テロリズムを排除するための措置をとるよう要請がなされている。

3　人質

1976年頃には，人質（Hostage）事件の増加が国際社会の重大な関心事となっていた。このような行為を防ぎ，告発し，処罰する効果的な措置を講じる必要

---

4)　Declaration on Measures to Eliminate International Terrorism. General Assembly Resolution 49/60 of 9 December 1994.

性に着目した総会は同年，人質問題に関する条約の草案を作成する特別委員会を設置した。この委員会の草案に基づいて1979年にいわゆる「人質行為防止国際条約」[5]が採択された。この条約では，人質行為について，人質解放の明白または暗黙の条件として，第三者にある行為を強要ないしあらゆる行為を禁じる目的で人質を監禁，拘束ないし殺傷すると脅迫することと定めている。

この条約の締約国は，人質行為を適切な刑罰で罰することで合意し，また自国の領土内でのある種の活動を禁じ，適切な関連情報を交換し，あらゆる刑事上の処分または本国送還の手続を可能とすることで合意している。

4　宇宙空間

国連が宇宙空間（Outer space）の平和利用に初めて関心をよせたのは1950年代後半である。それは，最初に人工衛星が打ち上げられてまもなくのことであった。それ以後，国連は宇宙技術の進歩について関心を高めてきた。最大の関心は，宇宙を平和目的に利用し，その宇宙での活動から得た恩恵をすべての国ぐにで共有することであった。

1959年，総会は「宇宙空間の平和利用に関する国際協力」と題する決議を採択し，常設の宇宙空間平和利用委員会（Committee on the Peaceful Uses of Outer Space. COPUOS）を設置した。この委員会は，宇宙空間の研究に対する援助，情報の交換，宇宙空間の平和利用のための実際的方法および法律問題の検討を行い，これらの活動の報告を国連総会に提出することを任務としている。近年，民間企業も含めた各国の宇宙活動が多様化，活発化し，宇宙技術の利用が人びとの生活や経済・社会に深く関わってきており，この委員会は，宇宙空間の平和利用を進めるために，地上における人材育成から宇宙空間における環境保全まで，宇宙に関する幅広い分野の議論を行っている。

5　海洋法

(1)　国連海洋法条約

1982年の「国連海洋法条約」[6]は，国連の成果のひとつである。この条約は，航海，漁業，鉱物資源開発や科学的探査等，実質的に海洋利用のすべての側面に適用される包括的な規則を定めている。また，世界の海を汚染から守り，海

---

5)　International Convention against for Taking of Hostages. 人質をとる行為に関する国際条約。
6)　United Nations Convention on the Law of the Sea. 海洋法に関する国際連合条約。

洋資源の合理的な管理を奨励して，その恩恵を世界じゅうの人びとに公正に与えるよう求めている。

　この条約の基本的な目的は，国際的な交通を助長し，その平和利用および資源の公正かつ有効な利用，研究，海洋環境の保護と保存，その生物資源の保護を促進するための海洋諸水域の法的秩序を確立することである（条約前文）。

(2)　排他的経済水域

　経済水域は，上記の国連海洋法条約で制度化された。正式には排他的経済水域（Exclusive Economic Zone. EEZ）とよばれるが，漁業専管水域とよばれることもある。これは，領海（幅12カイリ）の外側にあって（言い換えれば，領海に接続する水域であって），海岸の基線からはかって200カイリまでの距離内で設定される水域のことである。資源利用その他の経済活動の面では沿岸国の領海と同じで，航行，上空飛行，国際コミュニケーションの面では公海と同じ性格を有する。

　条約は，この水域における沿岸国の権利を次のように定めている。すなわち，①海底の上部水域ならびに海底および下の天然資源（生物か非生物かは問わない）の探査，開発，保存，管理のための主権的権利ならびに海水，海流および風からのエネルギーの生産など，経済的な目的で行われる探査と開発の活動に関する主権的権利，②人工島，施設および構築物の設置と利用，海洋の科学的調査，海洋環境の保護と保全についての管轄権，③同条約に定めるその他権利（条約56条）。

東シナ海の開発
　中国が東シナ海で日本の排他的経済水域の境界に近いところの天然ガスの開発を進めている。このため，両国の同水域の境界画定でもめている。国連海洋法条約では，排他的経済水域が重なっているときは中間線をとるか，大陸棚が終わった地点をとるかのどちらかになる。日本は前者，中国は後者の立場をとっているため，議論は平行線のままである。中国は，いずれの立場をとっても，今回は中国の排他的経済水域のなかでありかつ日本の排他的経済水域の外であるから問題はないということであろう。
　2020年9月現在，日本政府は，中間線の中国側に海洋プラットフォーム等16基の構造物の存在を確認している。

　また，沿岸国は，排他的経済水域で生物資源の保存と最適利用を促進する義務を負う。そのため沿岸国は水域における漁獲可能量を決定し，自国がその漁獲可能量を達成できないときには，他国に漁業協定に基づいて余剰分を獲得する機会を与えなければならない。

　沿岸国以外の国は，同水域において，航行および上空飛行の自由，海底電線や海底パイプライン敷設の自由を，公海の場合と同様に享受する。また漁獲を認められた他国民は，入漁料，漁獲割当て量，漁業規制など沿岸国の定める条

図3-3　海洋法条約の概念

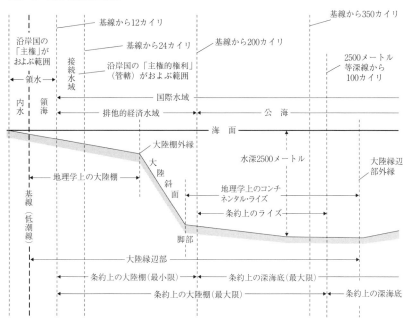

注：領水 —Territorial waters；内水 —Internal waters；領海 —Territorial sea；基線（低潮線）—Base line
　（low-water line）；国際水域—International waters；接続水域—Contiguous zone；排他的経済水域—Exclu-
　sive economic zone；公海—High seas；大陸棚—Continental shelf；大陸斜面—Continental slope；大陸棚外
　縁—Out limit lines；大陸縁辺部—Continental margin；外縁—Outer edge；脚部—Foot；深海底—the
　Area/seabed and ocean floor and subsoil thereof；ライズ—Rise；カイリ（海里）—Nautical mile(s)；沿岸
　国—Coastal state；主権—Sovereignty；主権的権利—Sovereign rights.
出所：波多野里望・小川芳彦『国際法講義』ほかより作成。

件を遵守する。そのほか，船舶衝突，海賊行為，臨検，継続追跡権などについ
ては，公海上の制度がそのまま適用される。
　海洋法条約の概念は，図3-3のとおりである。

第4章　戦争・平和維持・安全保障と法

1　戦争

1　戦争とは

「戦争」（War）とは，国家間または国家集団の間で自己の意思に相手を従わせるために組織的な軍事力を行使して行われる闘争の状態のこととされている。そのような意味での戦争は，ヨーロッパで主権国家（Sovereign states）が成立した17世紀以降に国民国家（Nation states）間で起こった争いまでさかのぼる。

戦争は，国際的な政治的かつ軍事的な現象である。人間の社会生活上の単位として主権国家というものが大きな意味をもつようになってからは，「内戦」（Civil war）すなわち同じ国家のなかで複数の政治的集団がその国家の統治権獲得を争う闘争状態も，戦争と考えられることがある。

2　近代戦争

戦争は人類の歴史とともに起こってきたが，近代社会が成立してからの戦争は大きな変化をとげた。それは，近代社会の政治，経済，思想，技術などが発展して，戦争の主体である国家自体が近代以前の「国」と違ったものになってきたからである。

政治面では，封建制が解体され，君主の主権のもとに国民国家が成立した。資本主義経済の発展で，ヨーロッパの市場が拡大し，人びとの経済生活の単位も農村共同体から外部に向かって広がった。商品経済の浸透で共同体は解体されて社会の枠組みが変わり，都市間，地域間ないし国際的な交易が盛んになった。市場経済は同一の言語，習慣，文化を共有する民族の居住地域全体にまで拡大し，国民国家が経済生活の単位になった。

三十年戦争（Thirty Years' War. 1618-48）と1648年「ウェストファリア条約」[1]

は，主権国家を単位とする国際社会を成立させた。それとともに国家は，官僚制と常備軍を備えた政治的な組織としてさまざまな意味で「力」（Force）を強化して行動するようになった。したがって，戦争もそれ以前のものとは違って，国家の「力」を総動員して展開される総力戦の性格を強めていった。

　近代になって戦争の性格を変えたのは，フランス革命とその後のナポレオン戦争だといわれている。フランス革命のあと，ヨーロッパ列強は，君主制を維持するために共和制のフランスに干渉を企てた。フランス国民は，民衆国家を防衛するために戦闘を展開した。フランスは，国民統合の象徴として徴兵制度を採用し，持てる力をすべて戦争に投入した。

　戦いは全体戦争となり，人命の損失も約200万人をこえた。戦争は，近代的な意味で国家の政治的な手段として意義をもっていった。よく引用されるが，プロイセン（Preussen）の将軍クラウゼビッツ（Karl P. G. Clausewitz）は，『戦争論』（Vom Kriege）のなかで，「戦争とは他の手段をもってする政治の継続である」としている。この記述は，近代戦争というものの政治的な性格をよくあらわしている。

クラウゼビッツと森鷗外
　クラウゼビッツの『戦争論』を日本人で最初に読破し，翻訳したのは，森鷗外（林太郎）かもしれない。
　訳文は，現在次のように収録されている。
　『大戦学理』『鷗外全集』東京：岩波書店。1974年。第34巻。

3　第一次大戦

　1914年（大正3）に勃発した第一次大戦では，戦争の規模が拡大した。国民は，戦争の影響を受けただけでなく，工業生産を中心とした国民経済全体の動員という全体戦争の時代に突入させられた。

　すでに，18世紀後半のイギリス産業革命のあと，19世紀後半にアメリカやドイツがめざましい経済成長をとげ，重化学工業が経済の基幹になっていった。

　武器の生産力と破壊力は，大量生産化と技術の革新で大幅に向上した。普通選挙制の普及で大衆民主主義（マス・デモクラシー）が定着し，戦争に参加する人口が増えていった。民主主義の理念を媒介に国家と国民個人の運命が同一視され，徴兵制度が一般的になった。その結果，第一次大戦では戦争の勝敗が国家の工業力と生産力で決まり，直接戦闘員と一般市民の双方が多大な犠牲者になっていった。ここにきて，国家が全体として戦争の当事者となることが避けられなくなった。

　1）　Peace of Westphalia/Westfälischer Friede. 三つの条約から成る。

4　核兵器開発

第二次大戦末期には，核兵器の開発と使用で，国家の総力戦としての戦争が，人類全体の生存を危うくするものになった。米ソ冷戦の時代には，核兵器の開発競争で「恐怖の均衡」（Balance of terror）という状態になり，軍事力の発展が戦争の勃発を抑止するということになった。

1960年代には，米ソの双方とも，相手に先制攻撃をかけたとしても相手の各戦力のすべてを破壊することは不可能で，報復による自国の壊滅が予想できるところまで核戦力の増強が行われた。そして，こうした状態を維持することが核戦争の勃発そのものを抑止するものであるというのが両大国の核戦略の思想であった。軍事力の進歩が，全面核戦争を不可能なものにしていった。

これとは逆に，通常兵器による戦争が重視されてきた。第二次大戦後は，ほとんどの戦争が「第三世界」（Third world）を舞台とした非植民地化戦争や民族解放戦争（例：ベトナム戦争），局地的戦争や内戦または超大国の利害に影響された代理戦争（例：アフガニスタン内戦，カンボジア内戦）という形をとってきた。1989年の東欧民主化，冷戦の終 焉，91年のソビエトの解体などの国際政治の変化の後には，大国間の核戦争の脅威は減少したものの，かえって通常兵器の破壊力の強化に伴う戦争の被害がふえ，開発途上国における核兵器開発も急速に進んでいる。

こうしたなか，2017年 7 月，国連本部に参集した各国は「核兵器禁止条約」[2]を採択，被爆国日本の署名を待たずに条約は2021年 1 月に発効した。目的は各兵器の保有・使用を全面禁止するものである。日本政府は，安全保障の観点を欠いた条約で核兵器を直ちに違法化すれば国民の生命・財産を守れなくなるとの立場をとり，現実の安全保障上の脅威に適切に対処しながら現実的な核軍縮を進める方策を追求し，現実的な取り組みをしていくということである。例えば，核兵器の使用をほのめかす相手に対しては日米安全保障条約のもとでアメリカの抑止力を維持するということになる。

5　国際法

戦争という現象は国際法が関係するものであり，国際法が展開されるにつれ

2）　Treaty on the Prohibition of Nuclear Weapons. 核兵器の禁止に関する条約（暫定名）。

て戦争の位置づけは変化してきた。

(1) 正戦論，無差別戦争観

正戦論（Just war〈*Bellum justum*〉 theory）は，アウグスチヌス（Augustinus）らの主張を中世のキリスト教神学者が体系化したものである。なかでも，アクィナス（Thomas Aquinas）は正戦論を広める上で大きな役割を果たし，近世になると国際法学者がこれを継承していく。例えば，ビトーリア（Francisco de Vitoria），ソアレス（Francisco Suárez），グロチウス（Hugo Grotius），プーフェンドルフ（Samuel von Pufendorf），ボルフ（Christian Wolf），バッテル（Emmerich Vattel）が代表的なものである。かれらは「正当な事由」（*Just causa*）による戦争ならば正当化されるとする。このうちグロチウスは，『戦争と平和の法』（*De Jure Belli ac Pacis*）のなかで，この「正当な事由」として防衛，財産の保全，制裁の三つを挙げた。

近代国家が登場するにつれて，無差別戦争観が支配的になってくる。戦争の正・不正やその正当原因などを問題とせず，いわば無差別に戦争をとらえようという考え方である。戦争の開始から終了までの手段・方法等の規律（*jus in bello*）を国際法の任務とし，戦争の正当原因の規律（*jus ad bellum*）を国際法の対象外の問題とした。もっとも，無差別戦争観は正戦論を完全に否定したわけではない。

(2) 戦時国際法

戦時国際法は，戦争も平和時と同時に国際関係のひとつのあり方として位置づけられた。戦争状態では，交戦国間には交戦法規（戦闘法規）が適用され，交戦国と中立国との間には中立法規が適用される。国際法上，戦争の開始には武力紛争当事国の少なくとも一方が戦争宣言などの戦意の表明をすることが必要になる。戦意の表明無しには，法的な意味での「戦争」にはならない。

戦争の終了には，両当時国による講和条約（平和条約）締結が必要である。

交戦法規の大部分は19世紀から第一次大戦までの間に成立したが，このなかでは，最近は人間や物を保護する国際人道法（International humanitarian law）が重視されている。

中立法規は，歴史的には国際慣習法として成立していたが，1907年のハーグ平和会議（The Hague Conference）で成文化が実現した。

(3)　戦争の違法化

　無差別戦争観は第一次大戦の勃発で崩壊し，国際社会のなかで戦争は次第に違法とされるようになった。第一次大戦後の国際連盟規約では，加盟国は紛争の平和的解決を義務づけられ，紛争解決の手段としての戦争が一定の制限を受けることが規定された。また，加盟国が規約に反して戦争に訴えた場合には，連盟から制裁が加えられることになった。

　1928年の「パリ不戦条約」[3]では，締約国は国家の政策手段としての戦争を放棄し，国際紛争を平和的手段によって解決することが規定された。

　さらに第二次大戦後の国際連合憲章では，前章に記したとおり，国連の目的を，①国際の平和と安全を維持すること，②そのために平和に対する脅威の防止・除去と侵略行為その他の平和の破壊の鎮圧とのため有効な集団的措置をとることと定めた。次いで，①全加盟国がその国際紛争を平和的手段によって解決すべきこと，②全加盟国がその国際関係において武力による威嚇または武力の行使をいかなる国の領土保全または政治的独立に対するものも，また国連の目的と両立しない他のいかなる方法によるものも慎まなければならないと規定し，基本的に戦争そのものの違法化をさらに徹底させた。

6　戦争と国連

　国連による集団安全保障体制のもとでは，軍事的措置（憲章42条）と加盟国の個別的または集団的自衛権の発動による武力行使（同51条）だけが例外として容認されている。国連の集団安全保障体制では，安保理によって侵略行為とされた場合，平和破壊者に対する軍事的強制措置や非軍事的強制措置が実施される。

　安保理の決定は国連加盟国を拘束するから中立は認められず，中立法規は実質的に意味を失うことになる。結局，国連憲章に反する戦争は違法となるが，違反国に対して科す制裁としての戦争は正当となる。

　このように，現代国際法は戦争を国際法の外に追いやって平時一元化を実現し，その基本構造を転換した。そのことから，従来の戦時国際法とくに中立法の存在理由がわからなくなってきた。

---

　3)　General Pact for the Renunciation War. 戦争放棄に関する一般条約/Kellogg-Briand Pact. ケロッグ＝ブリアン条約。

7 内戦

国際法上，「内戦」(Civil war, etc.) についての統一した定義は存在しない。一般には，一国の領域内における合法政府と反乱団体ないし革命・独立の運動団体との間（ときには反乱〈rebellion〉団体間）で，国の支配権力や分離独立をめぐって争われる武力抗争をさす。内乱 (Insurrection) ともよばれ，最近では「非国際武力紛争」(Non-international armed conflicts) ともよばれる。内戦の程度にまで至らない紛争の規模や程度の場合，緊張 (Tension)，暴動 (Disturbance)，騒擾 (Riot) といった用語が用いられることもある。

内戦においては，合法政府が国内法上，反乱団体を鎮圧し処罰する権限を有しているが，国際法上は内戦を禁止する規則はなく，内戦が一定の規模になるまで，国際法は一般にそれに関知しない。内戦は国内問題であり，内戦に対する外部からの干渉は領域主権や独立を侵すものとして国際法違反と見なされる。

他方，合法政府に対する外国の（軍事）援助は合法であり，反乱団体への援助は違法な内政干渉と見なされてきた。しかし，反乱団体がその国の領域の一部に対して実効的支配を及ぼし，地方的かつ事実上の政府としての実質を有するに至れば，合法政府または外国は反乱団体を交戦団体として承認することになる。そうなれば，内戦は戦争ないし国際武力紛争と類似のものと見なされて，当事国間には戦争法ないし人道法が適用され，外国は中立の地位に立ち，いずれの当事者に対しても援助を与えてはならないことになる。

内戦に対する国際法のこうした関与の仕方に対して，第二次大戦後の人道法関係の条約は，非国際武力紛争が発生すれば，それに最小限の人道規定を適用すべきであると定めた。第二次大戦後の植民地の解放闘争は，当初内戦と見なされていたが，国際法上の自決権が確立されていくにつれて国際武力紛争に分類されるようになった。

2 平和維持

1 国連

平和維持活動（PKO）の目的等については前章に記したとおりである。国連加盟国もしくは加盟数カ国または事務総長が PKO の設置を提案する際には，

次の三つの基本条件を満たす必要がある。すなわち，①紛争当事国が合意すること，②その提案が国際社会から幅広い支持を得ること，③加盟国に必要な部隊を提供する用意があること，である。

　PKO は，関係当事国の同意によってのみ組織される。平和維持部隊は，明確に限定された状況では武力行使を認められるが，当事国が1国でも反対すれば戦闘態勢に入ることはできない。きわめて稀な状況でのみ，部隊は武力を行使する。軽装備の武器を持ち，武力を行使するのは攻撃を受けたときか司令官の命令の実行を武装した人間に妨害されたときだけである。これまで約1万人の兵士が活動に従事したが，戦場で死亡した兵士は1,000人をこえている。

2　G8の行動計画

　G8 は，2000年代に入ってから PKO に関して具体的な関与をサミットとして示すようになった。具体的には，紛争予防と対アフリカ支援という二つの問題であった。G8 には，国連の PKO と違ってフィールド・アクターとしての役割はない。しかしながら，G8 には構成・議題設定の柔軟性という点では国連とは違った独自性がある。G8 の PKO に対する意義は，PKO およびその能力構築に従事する国際アクターおよび各国政府の活動に対し国際的な支持を動員し，それを正当化する役割にある。

G8　(Group of Eight)
　G8 は，1975年の6カ国首脳会合（アメリカ，イギリス，イタリア，ドイツ，日本，フランス）を起源とし，のちにカナダ，ロシア，EU（欧州理事会議長・欧州委員会委員長）を参加させている。名称にかかわらず，会合は10人で構成されている。2014年2月のロシアのクリミア軍事介入の際は，G7サミットになった。当初から主要国による政策調整・管理枠組みとしての機能を担ってきた。経済・金融が主要な政策領域であったが，他方で軍備管理，テロ事案などといった政治・安全保障問題も取り上げられてきている。

　2002年の G8 サミットで採択された行動計画（Action Plan）では，2010年までにアフリカ諸国と地域的・準地域的機関が，アフリカにおける暴力的紛争を効果的に予防・解決できるように，また国連憲章に従った平和支援活動に取り組めるように技術・資金の支援を行うことが決定されている（行動計画Ⅰ.2）。

　これを受けた2004年の行動計画は，2010年までにアフリカのほかに世界中で7万5,000人の兵士を訓練し，（適当であると認めるときは）装備をすること，平和支援活動能力とその関連活動のため専門家レベル会合を設置すること，また2005年サミット前に平和支援活動部隊を維持する国を支援

後方支援／ロジスティクス／兵站
　後方ともいう。英語では"Logistics"。戦争遂行のために①前線に人員，車両，兵器，物資などを本国または後方から輸送することと，②負傷者や損傷機材などを前線から後方に輸送して前線部隊の戦力を発揮させるための後方支援活動を行うことをさす。現在の陸上自衛隊では兵站，そのほかは後方とよぶ。

46

するための輸送・後方支援（ロジスティクス）に関する取決めを策定することなどを決定した。

2012年のＧ８外相会合で作成された議長声明附属文書によれば，Ｇ８は平和維持・平和構築に係る能力・ニーズと訓練の履行をいっそう進展させることを再確認している。具体的には，平和維持活動における児童保護ならびに戦争の武器としてのレイプ・女性への暴力を含む性的暴力およびジェンダーに基づく暴力の予防・改善を含む，文民保護の課題に関する平和維持・平和構築専門家会合の作業を行うことになった。

3　安全保障

1　安全保障とは

安全保障（Security）とは，外部からの攻撃や侵入に対して内部の安全を維持することである。一般的には，外国からの武力による威嚇・攻撃から国家の領土的一体性を保全し，政治的独立を維持し，国民の生命・財産の安全を確保することを意味する。

2　勢力均衡政策

国家の安全保障は主として軍事力によってきた。自国の安全保障を図る際には，抑止（Deterrence）と防衛（Defense）という二つの機能を組み合わせて戦略が立てられる。第一に，抑止とは，攻撃によって得られる利益よりも反撃によって被る損害のほうが大きいことを相手に理解させて攻撃を思いとどまらせることである。第二に，防衛とは，抑止が機能せずに戦争が始まった場合に反撃によって自国の守るべき価値の被害を最小限に食い止めることである。抑止の基礎となる軍事力は，自国の軍備の増強または他国との同盟による強化に求められた。

そこで働いた主な力学が「勢力均衡」（Balance of power）政策であった。勢力均衡の原理を単純化すると，対立する二国間または多国間で力を等しく保つ，すなわちパワーのバランスをとればどちらが手を出しても勝つ見込みがないので，睨み合ったままどちらも戦争を開始しないという仕組みだった。その背後には，システム全体の生き残りという共通の利益があった。勢力均衡が国際関

係を支配したのは，ウェストファリア条約（本章1参照）締結から第一次大戦までの約300年間弱とされている。しかし，力と力による相互抑止という考え方そのものは，核時代の今日でもなお根強く追求されている。勢力均衡政策は，合理的で平和保持に有効な政策だと思われがちだが，じつはきわめて非合理的な面も多く，不安定な政策である。例えば，これが自然に得られる安定した状態ではないということ，勢力の定義・均衡させるべき力の定義がないこと，元々大国中心の政策であり小国の生き残りの戦略とはなりえないことなど，大きな欠点がある。このように，勢力均衡政策は不安定で実効性も定かでないものではあったが，それでも長い間採用されてきた。

3　集団安全保障政策

これに対して，未曾有の戦禍を経験した世界は，平和を維持する仕組みとして勢力均衡政策に代わる「集団安全保障」（Collective security）政策を追い始めた。集団安全保障政策とは，普遍的な条約を締結したり，国際機構を設置したりして，加盟国間の侵略や武力を行使しないことを前提に平和を保つ政策である。

集団安全保障のもとでは，世界すべてを相手にする覚悟と，それでも勝てるという目算とがないかぎり手を出せない。それによって，戦争を防ごうという考え方である。勢力均衡政策よりは，軍拡競争の罠から逃げやすいし，安定的な世界が期待できる。第一次大戦後の国際連盟，第二次大戦後の国際連合が設立された当初の理念も，集団安全保障政策にあった。しかし，この理念は実現されたとはいえない。国際連盟のもとでも第二次大戦が起きたし，それ以後も国際連合のもとで毎日戦争が行われているのが現実である。

国際連盟の場合には，当初は米ソの大国が不参加で普遍性を欠いたのがうまく機能しなかった原因のひとつだといわれた。しかし，国際連合の場合，普遍性はほとんど満たされた。それにもかかわらず戦争を防げない原因として，次の2点が挙げられている。

第一に，憲章上，地域的集団安全保障をも認めたために，実質的には米ソを中心とする勢力均衡政策に回帰したという点である。かつて国際連盟のもとでは，1925年の「ロカルノ条約」[4]が地域的安全保障体制として，国際連盟の集団安全保障体制を一時期支える役割を果たした。しかし，国際連合の下での

NATO（North Atlantic Treaty Organization. 北大西洋条約機構）と WTO（Warsaw Treaty Organization. ワルシャワ条約機構）の二大地域集団安保機構は，東西両陣営に属する国ぐにによって国連よりも重視され，かえって対立を深めた。これに加えて，東南アジア集団防衛条約機構（Southeast Asia Treaty Organization. SEATO），中央条約機構（Central Treaty Organization. CENTO）などの地域的相互援助条約体制，日米安全保障条約[5]，米韓相互防衛条約，ソ朝相互援助条約，中朝相互援助条約などの二国間条約が結ばれ，それぞれが両機構を支える役割を担った。東西対立・冷戦とは，まさにこの地域集団安保機構が，戦争をせずに，空前の軍事力を蓄え，緊張関係のもとに対峙する姿を指した言葉である。直接両陣営が関わらない紛争が起こっても，条約に違反して戦争を仕掛けた侵略者がどこの国かを国連の場で公正に認定するのは，この両陣営の利害が絡むかぎり困難になってしまったからである。

　戦争を防げない第二の原因としては，当初予定された集団安保機構の中心となる軍隊すなわち「国連軍」（United Nations Forces）の設置に失敗したため，侵略や紛争に対処できないということが指摘される。国連軍は，国連が平和の破壊者や侵略者に対して強制的措置をとるときに用いられる超国家的軍隊である。憲章上は常備軍ではなく，加盟国が部隊を提供するという方式で安保理の要請で直ちに出動する軍隊を予定していた。紛争の都度それを編成するのではなく，あらかじめ編成計画を決めておくことにしていた（憲章42条）。そのため，安保理と加盟国との間で兵力などの提供に関する特別協定を結ぶことになっていた（同43条）。その作業にあたった軍事参謀委員会（Military Staff Committee）では大国とりわけ米ソの意見が対立し，1948年に合意を見ずに終わった。それ以来，憲章が想定した集団安全保障のための本来の国連軍は設置できずにいる。

　国によっては，国連の決定を待たずに国連待機軍を独自に設置して即応態勢を整えている。現在の所このような軍隊は各地の紛争に対して紛争凍結のために対立当事国の間に入って双方の兵力を分離する国連緊急軍や停戦を監視する

4）　Treaty of Locarno, Locarno Pact, Locarno Treaty, Locarno Treaties, etc.（七つの条約から成るため，略称が一致していない）

5）　Japan-U.S. Security Treaty. 正式には，Treaty of Mutual Cooperation and Security between Japan and the United States of America. 日本国とアメリカ合衆国との間の相互協力及び安全保障条約。

図 4 - 1　日本の国家安全保障体制　　　　　　　　　　　　　　　　　　（2020年現在）

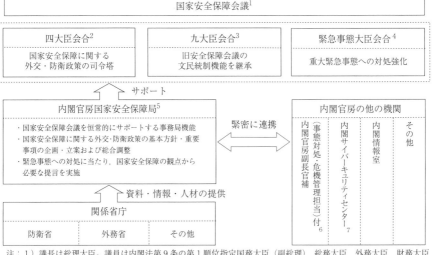

注：1）議長は総理大臣。議員は内閣法第 9 条の第 1 順位指定国務大臣（副総理），総務大臣，外務大臣，財務大臣，
経済産業大臣，国土交通大臣，防衛大臣，官房長官，国家公安委員長。2）総理大臣，外務大臣，防衛大臣，官
房長官（2 週に 1 回，戦略的方向性を擦り合わせ）。3）四大臣会合のメンバーに，総務大臣，財務大臣，経済産
業大臣，国土交通大臣，国家公安委員長が加わる。4）総理大臣，官房長官，前もって総理大臣が指名する国務
大臣。5）局長は，内閣官房副長官の下で，同列の内閣危機管理監と緊密に連絡。6）総理補佐官のなかから総
理が指定。7）現在は，内閣官房副長官補がセンター長を兼務。
出所：内閣官房，防衛省，外務省の諸資料より作成。

国連停戦監視団として派遣され，PKO や PKF が相応の成果を挙げている。

4　各国の政策機関

　安全保障に関わる国家の政策決定機関は，国によって異なる。例えば，アメ
リカの場合は国家安全保障会議（National Security Council. NSC）が設けられてい
る。これまでにも，この会議を通じて国防上重要な決定がなされてきた。

　日本の場合は，平和国家としての歩みを堅持し，国際協調主義に基づく「積
極的平和主義」（Proactive Contribution to Peace）の立場から，日本の安全および
アジア太平洋地域の平和と安定を実現しつつ，国際社会の平和と安定および繁
栄の確保に寄与していくことを国家安全保障の基本理念としている。1986年
（昭和61）に「国家安全保障会議」，いわゆる日本版 NSC が設置された。政府が
組織する日本の安全保障体制は図 4 - 1 のとおりである。

5　協力的軍備管理

　武力抗争は第二次大戦後だけでも100をはるかにこえ，犠牲者は，約3,000万人を数える。戦闘は今も各地で行われている。最大の安全保障は世界規模で徹底的に軍縮と信頼の醸成を行うことである。

　冷戦が終了してからは，自国に有利な結果を得ることを目的とした競争的軍備管理（Competitive arms control）に代わって，他国との対話や日常的な協力を重視して自国の安全保障を増進しようとする協力的な軍備管理が芽生えている。

　防衛についても各国はさまざまな対応をしている。徴兵制を敷く国や傭兵を使う国がある。また，民間防衛マニュアルを細かく定めている国もあり（スイス），国内に軍隊をまったく持たない国もある（コスタリカ，サモアなど）。

6　協調的安全保障

　「協調的安全保障」（Cooperative security/ Harmonized security）とは，環境破壊，飢餓，自然災害，難民，国際テロ，麻薬，兵器の拡散等，国境をこえる今日の地球的問題群（Global problematique）に対して各国が協調して立ち向かう包括的なアプローチのことである。この用語は1980年代末からCSCE（Conference on Security and Cooperation in Europe. 全欧安全保障協力会議）で登場し，90年代からNATO の文書で使われるようになった。アメリカでは，クリントン（William J. Clinton）の政権期から採用されている。協調的安全保障は，特定の固定した対立関係を想定しない点で「共通の安全保障」（Common security）と区別され，争点の多様化と非軍事的対応を重視する点で集団的安全保障とも区別される。

　争点が多様化するにつれて，軍事力の性格，任務，編成などがいっそう治安警察化し，問題を共有する国ぐには地域機構を組成している。1994年にCSCEを拡大改組したOSCE（Organization for Security and Co-operation in Europe. 欧州安全保障協力機構），ARF（ASEAN Regional Forum. ASEAN 地域フォーラム）はその例である。

第5章　21世紀の国際社会(1)——人権・人道と法

1　総論——国際社会が直面する地球規模の課題

1　国際社会の現状

　現在の国際社会では，世界的に増大している貧困，失業，社会的分裂の問題など地球規模の課題に効果的に対処するためには，伝統的な「国家の安全保障」の考え方のみでは対応が難しい。そこで，国家の安全保障を補完し，強化するものとして提唱されたのが，「人間の安全保障」(Human security) である。1995年3月，コペンハーゲン（デンマーク）で開催された国連主催の世界社会開発サミット (World Summit for Social Development. WSSD) は，人間の安全保障を提唱し，失業の解消，人権伸長，男女平等，教育・保健制度への普遍的で公平なアクセス，資源の有効活用などを訴えた「約束」(Commitment. コミットメント) を含む「コペンハーゲン宣言」[1]およびそれを実現する国家政策の策定を求めた「行動計画」[2]を採択した（第6章1.2(2)参照）。

2　国連ミレニアム・サミットから国連持続可能な開発サミットへ

　国際社会は，2000年9月に開催された国連ミレニアム・サミット (United Nations Millennium Summit) で採択された「国連ミレニアム宣言」[3]と1990年代に開催された主要な国際会議やサミットで採択された国際開発目標を統合して，1990年を基準年として主に2015年までに達成すべき八つの目標，具体的なターゲットおよび指標を示した「ミレニアム開発目標」(Millennium Development Goals. MDGs) を揚げた。MDGs の達成期限を目前とする15年9月，国連持続

---

1) Copenhagen Declaration on Social Development.
2) Programme of Action of the World Summit for Social Development.
3) United Nations Millennium Declaration. General Assembly Resolution 55/2 of 8 September 2000.

表5-1　持続可能な開発目標（SDGs）の17の目標

目標
目標1：あらゆる場所のあらゆる形態の貧困を終わらせる
目標2：飢餓を終わらせ，食料安全保障および栄養改善を実現し，持続可能な農業を促進する
目標3：あらゆる年齢のすべての人びとの健康的な生活を確保し，福祉を促進する
目標4：すべての人びとへの包摂的かつ公正な質の高い教育を提供し，生涯学習の機会を促進する
目標5：ジェンダー平等を達成し，すべての女性および女児の能力強化を行う
目標6：すべての人びとの水と衛生の利用可能性と持続可能な管理を確保する
目標7：すべての人びとの，安価かつ信頼できる持続可能な近代的エネルギーへのアクセスを確保する
目標8：包摂的かつ持続可能な経済成長およびすべての人びとの完全かつ生産的な雇用とディーセント・ワーク（働きがいのある人間らしい仕事）を促進する
目標9：レジリエント（強靱）なインフラ構築，包摂的かつ持続可能な産業化の促進およびイノベーションの推進を図る
目標10：各国内および各国間の不平等を是正する
目標11：包摂的で安全かつレジリエントで持続可能な都市および人間居住を実現する
目標12：持続可能な生産消費形態を確保する
目標13：気候変動およびその影響を軽減するための緊急対策を講じる
目標14：持続可能な開発のために海洋・海洋資源を保全し，持続可能な形で利用する
目標15：陸域生態系の保護，回復，持続可能な利用の推進，持続可能な森林の経営，砂漠化への対処，ならびに土地の劣化の阻止・回復および生物多様性の損失を阻止する
目標16：持続可能な開発のための平和で包摂的な社会を促進し，すべての人びとに司法へのアクセスを提供し，あらゆるレベルにおいて効果的で説明責任のある包摂的な制度を構築する
目標17：持続可能な開発のための実施手段を強化し，グローバル・パートナーシップを活性化する

出所：外務省HPほかより作成。

可能な開発サミット（United Nations Summit for Sustainable Development 2015）が開催され，国際社会は「我々の世界を変革する：持続可能な開発のための2030アジェンダ」[4]を採択し，MDGsの後継として，国際社会全体が16年から30年までに達成すべき17の目標と169のターゲットからなる「持続可能な開発目標」（Sustainable Development Goals. SDGs）を設定した（表5-1）（第**14**章**4**参照）。

人間の安全保障委員会（Commission on Human Security. CHS）
　2000年9月の国連ミレニアム・サミットにおいて，日本が設置をよびかけ，各国がこれに応えたもの。緒方貞子（現，国際協力機構特別顧問）とマルティア・セン（Amartya Sen）（ノーベル経済学賞受賞者）を共同議長として01年1月に創設された。03年の「最終報告書」（*Human Security Now*）は，人間の安全保障を「人間の生にとってかけがえのない中枢部分を守り，すべての人の自由と可能性を実現すること」と定義して，人びとの生存・生活・尊厳を確保するため，人びとの「保護（プロテクション）と能力強化（エンパワーメント）」のための戦略の必要性を訴えた。

---

4)　Transforming Our World: the 2030 Agenda for Sustainable Development. General Assembly Resolution 70/1 of 25 September 2015.

2 人権法

1 基本的人権とは

基本的人権とは，人がただ人間であるがゆえに当然に有する権利をいい，単に人権（Human rights）という場合もある。基本的人権は，①固有性（国家や憲法によって与えられたものではなく，人間であることにより当然に有するものである），②不可侵性（原則として，公権力によって侵されない），③普遍性（人種・性・身分などの区別に関係なく，人間であることに基づいて当然に共有できる権利である）を特徴とする。

2 新しい人権

主に国家からの自由あるいは国家の政治に参加する権利を第一世代の人権，主に国家の積極的行為によって確保・実現される権利を第二世代の人権というのに対して，人民の自決権や発展の権利など，個人の権利というよりは，集団全体の権利を内容とする「新しい人権」として第三世代の人権が，開発途上国を中心に国連などの場で強く主張されている。

3 国連における人権の保障の発展

1945年の国連創設会議では，国連憲章[5]のなかに国際人権章典を含ませるべきであるとの意見もあったが，憲章には人権尊重の基本原則だけを定め，保護さるべき人権の具体的内容の策定は，国連人権委員会（Commission on Human Rights）に委ねられた。

(1) 人権委員会

国連人権委員会は，国際的人権の伸長を目的として1946年に設立された。

法の定立の面では，世界人権宣言，国際人権規約の草案作成を始め，人種差別撤廃条約，拷問禁止条約，児童の権利条約（子どもの権利条約）などを起草してきた（表5-3）。また，実施促進の面では，1960年代後半から人権侵害の事例についての年次公開討議や事情調査の実施，および個人・団体から国連によせられる通報に基づく非公開討議などの手続を取り入れ，発展させてきた。その後,国連では,人権理事会(Human Rights Council. 本節 **7** 参照)が設立され,国連人権委員会は，2006年 4 月の同理事会の設立に伴い発展的に解散した（表5-2）。

---

5) 第 2 章注 6 参照。

54

表5-2　国連における人権委員会と人権理事会の相違点

	人権委員会	人権理事会
所在地	国連欧州本部（ジュネーブ）	国連欧州本部（ジュネーブ）
地位	経済社会理事会の機能委員会（1946年経済社会理事会決議により設立）	総会の下部機関（2006年総会決議により設立）
理事国数	53カ国（地域配分：アジア12，アフリカ15，ラテンアメリカ11，東欧5，西欧10）	47カ国（地域配分：アジア13，アフリカ13，ラテンアメリカ8，東欧6，西欧7）
選挙方法	経済社会理事会で選出（出席かつ投票する国の過半数）	総会で直接かつ個別に選出（全加盟国の絶対過半数）＊総会の3分の2の多数により，重大な人権侵害を行った理事国資格の停止可能
任期	3年（再選制限なし）	3年（連続二期直後の再選は不可）

出所：外務省HPより作成。

表5-3　主な国際的人権文書

名称	採択年	発効年	締約国数 2020年11月現在	日本の締結状況（締結年）
あらゆる形態の人種差別の撤廃に関する国際条約[6]	1965	1969	182	1995
市民的及び政治的権利に関する国際規約[7]	1966	1976	173	1979
市民的及び政治的権利に関する国際規約の選択議定書[8]	1966	1976	116	×
市民的及び政治的権利に関する国際規約の第二選択議定書[9]	1989	1991	88	×
経済的，社会的及び文化的権利に関する国際規約[10]	1966	1976	171	1979
経済的，社会的及び文化的権利に関する国際規約の選択議定書[11]	2008	2013	25	×
女子に対するあらゆる形態の差別の撤廃に関する条約[12]	1979	1981	189	1985
女子に対するあらゆる形態の差別の撤廃に関する条約の選択議定書[13]	1999	2000	114	×
拷問及び他の残虐な，非人道的な又は品位を傷つける取り扱い又は，刑罰に関する条約[14]	1984	1987	171	1999
拷問及び他の残虐な，非人道的な又は品位を傷つける取扱い又は刑罰に関する条約の選択議定書[15]	2002	2006	90	×
児童の権利に関する条約（子どもの権利条約）[16]	1989	1990	196	1994
武力紛争における児童の関与に関する児童の権利に関する条約の選択議定書[17]	2000	2002	170	2004
児童売買，児童買春及び児童ポルノに関する児童の権利に関する条約の選択議定書[18]	2000	2002	176	2005
通報手続に関する児童の権利に関する条約の選択議定書[19]	2011	2014	46	×
すべての移住労働者及びその家族構成員の権利の保護に関する国際条約[20]	1990	2003	55	×
障害者の権利に関する条約[21]	2006	2008	182	2014
障害者の権利に関する条約の選択議定書[22]	2006	2008	97	×
強制失踪からのすべての者の保護に関する国際条約[23]	2006	2010	63	2009

出所：国連人権高等弁務官事務所HPほかより作成。

(2) 世界人権宣言

「世界人権宣言」[24]は，国連人権委員会が起草して，1948年の第3回国連総会で採択された。宣言は，すべての人間は生れながらにして自由で平等であり，権利と自由とを差別なく享有することができるとうたう。そのうえで，宣言は尊重すべき「市民的および政治的権利」および「社会的，経済的および文化的権利」として具体的な権利を列挙する。宣言自体は，基準を示したものであって，条約ではないためそれ自体として法的拘束力を有するものではない。しかし，その内容は人権，とくに自由権の基本規範として世界に受け入れられ，その後の国際人権規約を始めとする人権関係条約の基礎となった。

(3) 国際人権規約

国連人権委員会は，世界人権宣言に続いて，「国際人権規約」[25]の起草作業を行い，1966年の第21回国連総会で次の三つが採択された。

――「経済的，社会的及び文化的権利に関する国際規約」（「社会権規約」または

6) International Convention on the Elimination of All Forms of Racial Discrimination.
7) International Covenant on Civil and Political Rights.
8) Optional Protocol to the International Covenant on Civil and Political Rights.
9) Second Optional Protocol to the International Covenant on Civil and Political Rights, aiming at the abolition of the death penalty.
10) International Covenant on Economic, Social and Cultural Rights.
11) Optional Protocol to the International Covenant on Economic, Social and Cultural Rights.
12) Convention on the Elimination of All Forms of Discrimination against Women.
13) Optional Protocol to the Convention on the Elimination of Discrimination against Women.
14) Convention against Torture and Other Cruel, Inhuman or Degrading Treatment or Punishment.
15) Optional Protocol to the Convention against Torture and Other Cruel, Inhuman or Degrading Treatment or Punishment.
16) Convention on the Rights of the Child.
17) Optional Protocol to the Convention on the Rights of the Child on the involvement of children in armed conflict.
18) Optional Protocol to the Convention on the Rights of the Child on the sale of children, child prostitution and child pornography.
19) Optional Protocol to the Convention on the Rights of the Child on a communications procedure.
20) International Convention on the Protection of the Rights of All Migrant Workers and Members of Their Families.
21) Convention on the Rights of Persons with Disabilities.
22) Optional Protocol to the Convention on the Rights of Persons with Disabilities.
23) International Convention for the Protection of All Persons from Enforced Disappearance.
24) Universal Declaration of Human Rights.
25) International Covenants on Human Rights.

「A規約」）[26]；

― 「市民的及び政治的権利に関する国際規約」（「自由権規約」または「B規約」）[27]；

― 「市民的及び政治的権利に関する国際規約の選択議定書」（「選択議定書」または「第一選択議定書」）[28]。

社会権規約は1976年1月，自由権規約と選択議定書は同年3月に，各々発効した。また，89年の第44回国連総会で「死刑の廃止を目指す市民的及び政治的権利に関する国際規約の第二選択議定書（通称「死刑廃止条約」）」（「第二選択議定書」）[29]が採択され，91年に発効した。さらに，2008年の第63回国連総会で「経済的，社会的及び文化的権利に関する国際規約の選択議定書」[30]が採択され，13年に発効した。日本は79年に両規約を批准したが，三つの選択議定書には加わっていない。国際人権規約は，これらの総称で，国際人権保障の根幹をなす条約となっている。

両規約の共通1条は，人民の自決権（民族自決権）に関する規定を置いて集団の権利を認め，また，自由権と社会権を区別してそれぞれについて国家に異なる義務を課した。このほか，国際人権規約の履行を確保するため，報告制度および通報制度（国家通報制度や個人通報制度）が設けられている（図5-1）。

4　難民条約

1951年採択，1954年発効の難民条約は，難民を通常の外国人とは区別して，相互主義の適用を排し，庇護と権利の両面から保護するものである。67年の難民議定書とともに，難民の国際的保護のための包括的な法的枠組みをなしている（第6章2.3参照）。

5　人種差別撤廃条約

「人種差別」（Racial discrimination）とは，人種の相違を理由に加えられる政治的，経済的，社会的差別である。その歴史は古く，近年の典型的な例としては，ナチスのユダヤ人迫害，南アフリカ共和国のアパルトヘイト（Apartheid.白人と

---

26)　本章注10参照。
27)　本章注7参照。
28)　本章注8参照。
29)　本章注9参照。
30)　本章注11参照。

図 5-1　国際人権規約の枠組み

国際人権規約	
社会権規約／A規約 （経済的，社会的及び文化的権利に関する国際規約）	自由権規約／B規約 （市民的及び政治的権利に関する国際規約）
－締約国に対して，労働，教育，社会保障や生活水準，健康などの社会権に関わる規約上の権利を漸進的に達成するため自国の利用可能な手段を最大限に用いて行動する義務を課す。 －国家報告制度。 －経済的，社会的及び文化的権利に関する委員会（Committee on Economic, Social and Cultural Rights. 社会権規約委員会）。	－締約国に対して，自由権を直ちに実施する義務を課し，かつ必要な立法措置や権利侵害に対する効果的な救済措置をとる義務を課す。 －人権委員会（Human Rights Committee. 規約人権委員会）の設置。 －国家報告制度：締約国は，自国の人権状況の定期的報告の提出を義務づけられ，規約人権委員会が審議する。 －国家通報制度：規約人権委員会の審査権限を受け入れている締約国は，他の審査権限受入国の規約に違反する人権侵害を規約人権委員会に通報できる。

社会権規約選択議定書 （経済的，社会的及び文化的権利に関する国際規約の選択議定書）	選択議定書／第一選択議定書 （市民的及び政治的権利に関する国際規約の選択議定書）	第二選択議定書／死刑廃止条約 （死刑の廃止を目指す市民的及び政治的権利に関する国際規約の第二選択議定書）
－個人通報制度：社会権規約に掲げられた権利侵害について，締約国の個人などが社会権規約委員会に通報できる。 －国家通報制度。 －調査制度：社会権規約委員会の権限を認めた締約国における重大または制度的な権利侵害について，信頼できる情報を受けた場合，社会権規約委員会がその国の協力の下に調査を行う。	－個人通報制度：自由権規約に掲げる権利の侵害について，締約国の個人が行った通報を人権委員会が審議する。	

出所：国連人権高等弁務官事務所 HP，外務省 HP ほかより作成。

有色人種とを差別する人種隔離制度・政策）などが挙げられる。日本では，被差別部落，アイヌ，琉球・沖縄の人びと，日本の旧植民地出身者とその子孫，来日した外国人などに対する差別が問題となる。

1959年から60年にかけてヨーロッパを中心に続発したネオ・ナチズムの活動などを背景に，国連人権委員会は「人種差別撤廃条約」[31]の草案を起草し，65年の第20回国連総会で採択され，69年に発効した。

人種差別撤廃条約は，人種，皮膚の色，血統または民族的・部族的出身による差別を対象とし，締約国に対して「あらゆる形態の人種差別を撤廃する」義務を課している。義務履行のための実施措置として，常設の「人種差別撤廃委員会」（Committee on the Elimination of Racial Discrimination）が設置されている。締

31)　本章注 6 参照。

58

約国による委員会への報告（国家報告制度）のほか，ある締約国による条約の
違反行為について，別の締約国からの通報（国家通報制度）や違反行為の締約
国の個人または集団からの通報（個人通報制度），さらには調停を試みる制度が
設けられている。

6　国連人権高等弁務官事務所の創設

(1)　世界人権会議

　世界人権宣言の実現を図るために，1968年に次いで，1993年に2度目の世界
人権会議（World Conference on Human Rights）がウィーン（オーストリア）で開催
され，「ウィーン宣言および行動計画」[32]が採択された。人権に関する南北間の
対立が表面化したなかで，宣言は，すべての人権は普遍的としつつ，民族，地
域の特殊性や歴史，文化，宗教的背景を考慮することを求め，また発展の権利
を再確認した。それとともに，不十分な発展を理由として人権の制限を正当化
はできないとするなど，先進国と開発途上国の主張の妥協が図られた。問題と
なった国連人権高等弁務官の創設については，国連に対し人権弁務官の創設を
勧告するという表現に落ちついた。

(2)　国連人権高等弁務官

　1993年，国連総会は，国連人権高等弁務官（UN High Commissioner for Human
Rights. UNHCHR）設置の決議を採択した。国連人権高等弁務官は，国連事務次
長の地位を有し，国連事務総長の指揮および機能のもとで，国連の人権活動に
主要な責任を有している。国連人権高等弁務官事務所（Office of the United Na-
tions High Commissioner for Human Rights. OHCHR）は，人権享受の普遍的な促進，
人権に関わる国際協力，国際的基準の普遍的実施などの促進などを任務とする。

7　人権理事会

　2005年9月に開催された国連世界サミットは，国連事務総長アナン（Kofi
Annan.当時）が提唱した「人権の主流化」（Mainstreaming of human rights）を基礎
とする成果文書（2005 World Summit Outcome）を取りまとめ，人権理事会（Hu-
man Rights Council）の設立が基本合意された。この文書は，国連決議[33]として
同年10月に採択された。2006年の第60回国連総会は，その下部機関として人権

---

32)　Vienna Declaration and Programme of Action.
33)　2005 World Summit Outcome. General Assembly Resolution 60/1 of 16 October 2005.

理事会を設置し，国連人権委員会はこれに伴い発展的に解散した。

3　人道法

1　国際人道法

　国際人道法（International humanitarian law）とは，国際的または国内的武力紛争で，人道的諸問題に対する配慮から紛争当事者の戦闘方法や手段を制限する条約規定や慣習法の総称である。かつては武力紛争の交戦当事者間の関係を規律する国際法規として戦争法ないし交戦法規とよばれていた。今日では，国連憲章のもとで伝統的な意味での戦争は認められなくなっている一方で，武力紛争は現実に発生している。1960年代頃から，赤十字国際委員会（International Committee of the Red Cross. ICRC）を中心に，紛争被害の削減，犠牲者保護の観点から適用される国際法規として「国際人道法」という言葉が用いられ始め，現在では，一般的にこれが使われるようになっている。

　国際人道法の分野における文書の中核は，第二次大戦後の1949年に作成された傷病者などの保護を図る「ジュネーヴ四条約」[34]とその「追加議定書」[35]である。すなわち，

　—1949年「戦地にある軍隊の傷者及び病者の状態の改善に関する千九百四十九年八月十二日のジュネーヴ条約」[36]；

　—1949年「海上にある軍隊の傷者，病者及び難船者の状態の改善に関する千九百四十九年八月十二日のジュネーヴ条約」[37]；

　—1949年「捕虜の待遇に関する千九百四十九年八月十二日のジュネーヴ条約」[38]；

　—1949年「戦時における文民の保護に関する千九百四十九年八月十二日のジュネーヴ条約」[39]；

---

34)　Geneva Conventions.

35)　Protocols Additional to the Geneva Conventions.

36)　Geneva Convention for the Amelioration of the Condition of the Wounded and Sick in Armed Forces in the Field. 12 August 1949. 第一条約。

37)　Geneva Convention for the Amelioration of the Condition of Wounded, Sick and Shipwrecked Members of Armed Forces at Sea. 12 August 1949. 第二条約。

38)　Geneva Convention relative to the Treatment of Prisoners of War.12 August 1949. 第三条約。

―「国際的武力紛争の犠牲者の保護に関する第
一追加議定書」[40]；

―「非国際的武力紛争の犠牲者の保護に関する
第二追加議定書」[41]。

このほか，次のような条約などが締結され，こ
の分野において，次第に詳細な規定が設けられる
ようになった。

―1948年「集団殺害罪条約」[42]；

―1968年「戦争犯罪及び人道に対する罪に対す
る時効不適用に関する条約」[43]；

―1993年「化学兵器禁止条約」[44]；

―1972年「生物兵器禁止条約」[45]；

―1980年「特定通常兵器使用禁止制限条約」[46]（第 6 章 3.2参照）；

―附属議定書

（1）「検出不可能な破片を利用する兵器に関する議定書」[47]；

（2）「地雷，ブービートラップ及び他の類似の装置の使用の禁止又は制限

人道的介入／人道的干渉（Humanitarian intervention）

著しい人権侵害に対し，その阻止や被害救済のために，他国あるいは国際社会が内政に介入すること。当地の政府や非政府組織の抑圧から特定の住民集団を保護し，安全地帯の設定，移住などが主な内容になる。軍事力の行使を伴う場合が多い点で，「人道支援」（Humanitarian assistance）とは区別され，介入の目的が限定的で対象国の政治体制の変更を追求しないという点で，武力介入とも異なる。人権の普遍性に対する認識の高まりを背景に，国家主権の不可侵性という近代以来の国際法と国際関係の基本原理が変容しつつある現代社会の状況を反映している。

---

39) Geneva Convention relative to the Protection of Civilian Persons in Time of War. 12 August 1949. 第四条約。

40) Protocol Additional to the Geneva Conventions of 12 August 1949, and relating to the Protection of Victims of International Armed Conflicts （Protocol I）.

41) Protocol Additional to the Geneva Conventions of 12 August 1949, and relating to the Protection of Victims of Non-International Armed Conflicts （Protocol II）.

42) Convention on the Prevention and Punishment of the Crime of Genocide. 集団殺害罪の防止及び処罰に関する条約。

43) Convention on the non-applicability of statutory limitations to war crimes and crimes against humanity.

44) Convention on the Prohibition of the Development, Production, Stockpiling and Use of Chemical Weapons and on their Destruction. 化学兵器の開発，生産，貯蔵及び使用の禁止並びに廃棄に関する条約。

45) Convention on the prohibition of the development, production and stockpiling of bacteriological （biological） and toxin weapons and on their destruction. 細菌兵器（生物兵器）及び毒素兵器の開発，生産及び貯蔵の禁止並びに廃棄に関する条約。

46) Convention on Prohibitions or Restrictions on the Use of Certain Conventional Weapons which may be deemed to be Excessively Injurious or to have Indiscriminate Effects （with Protocols I, II and III）. 過度に傷害を与え又は無差別に効果を及ぼすことがあると認められる通常兵器の使用の禁止又は制限に関する条約。

47) Protocol on Non-Detectable Fragments （Protocol I）. 議定書 I 。

に関する議定書」[48)] および「改正議定書Ⅱ」[49)]；

(3)　「焼夷兵器の使用の禁止又は制限に関する議定書」[50)]；

(4)　「失明をもたらすレーザー兵器に関する議定書」[51)]；

(5)　「爆発性戦争残存物に関する議定書」[52)]；

—1997年「対人地雷禁止条約」[53)]（第 **6** 章**3**.**3**参照）。

—2008年「クラスター爆弾禁止条約」[54)]

2　国際裁判所

(1)　プロローグ

国際裁判所とは，広義には，個人の犯した国際法上の犯罪を裁くための国際裁判所のことである。第二次大戦におけるドイツまたは日本の戦争指導者などを，平和に対する罪・戦争犯罪・人道に対する罪として裁いた国際軍事裁判所が著名な例である（第 **2** 章**5**.**5**参照）。冷戦終結後は，国際人道法上重大な違反を犯した個人を裁く国際裁判所（1993年設置の旧ユーゴ国際刑事裁判所と1994年設置のルワンダ国際刑事裁判所）が設置され，その経験が現在の国際刑事裁判所（International Criminal Court. ICC）に引きつがれている。

(2)　国際刑事裁判所の設立

第二次大戦での経験を踏まえ，1948年，国連総会は，集団殺害罪の防止と処罰に関する決議を採択し，重大な国際犯罪を裁く裁判所を設立するための裁判所規程の作成を国際法委員会（International Law Commission. ILC）に要請したが，

---

48)　Protocol on Prohibitions or Restrictions on the Use of Mines, Booby Traps and Other Devices（Protocol II). 議定書Ⅱ。

49)　Protocol on Prohibitions or Restrictions on the Use of Mines, Booby-Traps and Other Devices as amended on 3 May 1996（Protocol II as amended on 3 May 1996).

50)　Protocol on Prohibitions or Restrictions on the Use of Incendiary Weapons（Protocol III).　議定書Ⅲ。

51)　Additional Protocol to the Convention on Prohibitions or Restrictions on the Use of Certain Conventional Weapons which may be deemed to be Excessively Injurious or to have Indiscriminate Effects（Protocol IV, entitled Protocol on Blinding Laser Weapons). 議定書Ⅳ。

52)　Protocol on Explosive Remnants of War to the Convention on Prohibitions or Restrictions on the Use of Certain Conventional Weapons which may be deemed to be Excessively Injurious or to have Indiscriminate Effects（Protocol V). 議定書Ⅴ。

53)　Convention on the Prohibition of the Use, Stockpiling, Production and Transfer of Anti-Personnel Mines and on Their Destruction. 対人地雷の使用，貯蔵，生産及び移譲の禁止並びに廃棄に関する条約。オタワ条約。

54)　Convention on Cluster Munitions. クラスター弾に関する条約。

62

東西冷戦中は，各国が自国民が裁かれる可能性を危惧し，積極的な動きは見られなかった。しかし，カンボジア，旧ユーゴスラビア，ルワンダなどにおいて大量虐殺が行われた状況を踏まえ，92年，国連総会は ILC に対して，改めて規程案の作成に取り組むことを要請した。

1998年，ローマ（イタリア）において，「国際刑事裁判所の設立に関する国連全権外交会議」(United Nations Diplomatic Conference of Plenipotentiaries on the Establishment of an International Criminal Court. ローマ会議) が開催され，ICC を設立する「ICC ローマ規程」[55]が採択された。ICC ローマ規程は2002年に発効し，03年に ICC がハーグ（オランダ）で発足し，活動を開始した。20年11月現在，署名国は137カ国，締約国は123カ国である。日本は07年に加入した。中国，ロシア（2000年署名），アメリカ（2000年署名）などは批准していない。

ICC ローマ規程によれば，ICC は，「集団殺害犯罪」，「人道に対する犯罪」，「戦争犯罪」および「侵略犯罪」についてのみ管轄権をもち，これらの罪を犯した個人を国際法に基づいて訴追・処罰する。

ICC の役割は，あくまで各国の国内刑事司法制度を補完するものであり，対象犯罪について，関係国が被疑者の捜査・訴追を行う能力や意思

旧ユーゴ国際刑事裁判所 (International Criminal Tribunal for the former Yugoslavia. ICTY)・ルワンダ国際刑事裁判所 (International Criminal Tribunal for Rwanda. ICTR) と国際刑事裁判所メカニズム (Mechanism for International Criminal Tribunals. MICT)
ICTY は，1991年以降に旧ユーゴ領域内で行われた重大な国際人道法違反について責任を有する者を訴追するために，93年の安保理決議827に基づいてハーグ（オランダ）に設置され，161名（うち MICT で審理中3名）を訴追して，2017年12月にその任務を完了した。ICTR は，94年にルワンダ領域内で行われた集団殺害その他国際人道法の重大違反に責任ある者などを訴追するために，94年の安保理決議955に基づいてアルーシャ（タンザニア）に設置され，93名（うち MICT に委託3名）を訴追して，2015年12月にその任務を完了した。ICTY と ICTR の残余機能は，2010年の安保理決議1966によって設立された MICT が承継した。

がない場合にのみ，管轄権が認められる（補完性の原則）。ICC は，①締約国による付託，②安保理による付託，または，③ ICC 検察官による捜査の着手がなされる場合に管轄権を行使する。①および③については，被疑者の国籍国または犯罪の実行地国が締約国であるか，非締約国の場合は同意していることを要する。2018年4月現在，ICC 裁判官18名のうち1名を日本人が務めている。

---

55) Rome Statute of the International Criminal Court. 国際刑事裁判所に関するローマ規程。

第6章　21世紀の国際社会(2)——貧困・難民と法

1　貧困

1　現代社会の貧困問題

(1)　貧困とは

　貧困（Poverty）の定義はひとつではなく，国や機関によってもさまざまであり，また，必要最低限の生活水準が満たされていない状態の「絶対的貧困」（欠乏の問題）に対して，ある地域社会の大多数よりも貧しい状態の「相対的貧困」（分配の問題）という見方がある。世界銀行は，絶対的貧困を測るための国際的な水準として，「1日1.25ドル未満（2015年から1日1.90ドル未満）で暮らす人の比率」である国際貧困線（International poverty line）を定め，それ以下で生活する人びとを貧困人口とよんでいる。しかし，貧困とは単純にお金の有無という経済的な側面だけでなく，人間が生きていくために必要な基礎的医療や教育といった必要最低限のニーズ（Basic Human Needs. BHN. ベーシック・ヒューマン・ニーズ）が満たされない状況も含めて多角的に測られるべきものである。

　加えて，衣食住などのBHNの不足を見る「絶対的貧困」に該当する年360ドル程度の現金収入でも，中国西南部の少数民族やブータンなど，自然とバランスのとれた生活をしている人びともいる。他方で，日本やアラブの女性層のように，年1万5,000ドル程度あるいはそれ以上の収入でも，社会的差別などの理由によって，社会的昇進が難しいといった「相対的貧困」（「現代的貧困」あるいは「新しい貧困」）も深刻となっている。グローバル化，市場経済化で貧富格差が進む現在，先進国においても所得格差が拡大しているなど，複眼的に貧困の問題を見る必要がある。

(2) 貧困の原因

　地域・民族紛争，エイズなどの感染症の蔓延，自然環境の破壊が起きている
なか，栄養，保健・医療，教育などが世界じゅうで不足・欠乏状態にある。性
別や人種，民族など，さまざま理由で仕事に就くことが難しかったり，低い就
業条件しか得られなかったりする人びとは，貧困になりやすい。教育の機会に
恵まれない場合には，十分な収入を得るための能力を習得していくことは難し
い。貧困は，社会全体の経済状況によっても生じる。開発途上地域の場合，貧
困の原因のほとんどは経済開発の遅れにある。また，経済的に発展した国ぐに
でも，広範囲にわたる失業が貧困をもたらすことがある。

　近年，日本でも「派遣切り」や「ワーキング・プア（働いているにもかかわら
ず，貧困線すれすれの生活しかできない人びと）」に示されるように，経済不況の
なかで，失業者がふえ，生活保護申請者が急増している。また，リストラによ
る失業や離婚に伴うひとり親世帯の増加によって，子どもの貧困も問題になっ
ている。

(3) 貧困がもたらす結果

　国連食糧農業機関（Food and Agriculture Organization of the United Nations. FAO）
『世界の食料安全保障と栄養の現状2020』（*The State of Food Security and Nutrition in
the World 2020*）によると，2019年には約6億9,000万人が飢えに苦にしみ，こ
の5年間で6,000万人近く増加している。気候変動や紛争に加えて新型コロナ
ウイルス感染症の世界的大流行（COVID-19パンデミック）は，食料状況の悪化
を加速させており，2020年末までに1億3,000万人以上の人びとを慢性的な飢
餓に陥れる可能性があると予測している。

　また，貧困は犯罪の助長という結果をももたらす。精神的荒廃やアルコール
依存症などの社会問題は，貧困な人びとの間ではごく普通に見られる。それは，
貧困の結果でもあり貧困の原因でもある。貧困が貧困を生みだしており，貧困
がかかえる不利は，世代から世代へと引きつがれる。

2　貧困削減に向けた国際社会の取組み

(1) 世界の貧困

　第二次大戦以降，国連諸機関や先進諸国は，開発途上国の貧困問題に積極的
に取り組んできたが，先進国と開発途上国の経済格差は縮まらず，一部では開

発途上国国内で富める者と貧しい者との経済格差を拡大させた。1990年，世界銀行は，その年の『世界開発報告』（*World Development Report 1990*）のメインテーマに「貧困」を掲げ，また同じ年から UNDP は『人間開発報告』（*Human Development Report*）を公刊し始めた。これらを契機として，1990年代以降，国際社会は開発途上国の貧困問題に再度注目することとなり，95年には世界社会開発サミット（WSSD）が開催された（本項(2)参照）。さらに96年には経済協力開発機構（Organisation for Economic Co-operation and Development. OECD）の開発援助委員会（Development Assistance Committee. DAC）が『21世紀に向けて：開発協力を通じた貢献』（*Shaping the 21st Century: The Contribution of Development Co-operation*）のなかで，「新たな開発協力戦略」を採択して「2015年までに極端な貧困のもとで生活している人びとの割合を半分に削減すること」を最重要目標として提案した（本項(2)参照）。

　『世界開発報告1990』の公表から10年後，世界銀行は再び「貧困」を取り上げた『世界開発報告2000/2001：貧困との闘い』（*World Development Report 2000/2001: Attacking Poverty*）を公表した。報告は，世界の人口60億人のうち，28億人が1日1ドル未満で，12億人が1日2ドル未満で暮らしているとしたうえで，貧困問題への取組みにおける次の三つの優先項目を示し，開発途上国のあらゆるレベルの政府機関，援助供与国，国際機関，非政府機関（Non-governmental organizations. NGOs），市民団体，現地コミュニティに対し，市場指向のグローバル化時代に即した新しい援助戦略を提案している。

　　—「機会の奨励」。マイクロクレジットなど貧困者に適した市場の構築。教育・保健・インフラなどの経済的な機会の貧困者への提供など。

> マイクロクレジット（Micro credit）
> 　担保力をもたない貧困者向けの少額融資制度。バングラデシュのグラミン銀行（Grameen Bank）の場合は，発足以来15年間に借り手が4万世帯をこえている。しかも，その98パーセントが女性で，返済率は98パーセントである。

　　—「エンパワメントの促進」。民主化，法・行政改革などの実施。性別・人種・民族・社会的地位に基づく偏見の排除など。
　　—「安全保障の向上」。セーフティネット形成を柱とする人間の安全保障など（第5章1コラム参照）。

(2)　**世界貧困解消の10年**

　1995年のコペンハーゲン（デンマーク）で開かれた国連世界社会開発サミッ

ト（WSSD）は，96年を「国際貧困解消年」（International Year for the Eradication of Poverty）に定め，97年から06年の10年間を「第一次国連貧困解消の10年」（First United Nations Decade for the Eradication of Poverty 〈1997-2006〉）として，貧困緩和を進めていくことを取り決めた。さらに，国連総会は，07年12月に08年から17年の10年間を「第二次国連貧困解消の10年」（Second United Nations Decade for the Eradication of Poverty 〈2008-2017〉），17年12月には18年から27年の10年間を「第三次国連貧困解消の10年」（Third United Nations Decade for the Eradication of Poverty 〈2018-2027〉）とする決議を採択し，持続可能な開発目標（SDGs）（第**5**章**1.2**参照）の達成を掲げた。

また1996年5月，OECD・DAC は，『21世紀に向けて：開発協力を通じた貢献』のなかで，国際開発目標（International Developments Goals. IDGs）の重点項目として貧困問題を取り上げた。貧困の削減を最重要とする立場は，2001年の OECD 閣僚会議が採択した「新貧困軽減戦略」（New Poverty Reduction Strategy）でも確認されている。

⑶　**貧困削減に向けた今後の課題**

世界銀行が2020年10月に発表した「貧困と繁栄の共有2020：運命の逆転」（*Poverty and Shared Prosperity 2020: Reversals of Fortune*）によると，15年から17年にかけて世界全体で5,200万人が貧困から脱した。しかし，1990年から2015年までと比較して貧困削減の速度は，紛争や気候変動の影響で減速しており，20年には COVID-19パンデミックでさらに減速し，世界人口に占める1日1.90ドル未満で生活する人びとの割合は9.1〜9.4％，17年の水準（9.2％，6億8,900万人）に逆戻りすると予測した。

貧困は，低所得，失業の問題とともに，差別，人権 蹂躙，環境破壊などから生まれることもある。貧困削減に向けて国際社会は，各国の政府や国際機関だけでなく，市民社会・NGO・現地コミュニティなどの協調により，国・地域・社会層ごとに綿密な対策を講じる必要がある。

3　農業開発・食糧

⑴　**農業による貧困削減**

世界銀行『世界開発報告2008：開発のための農業』（*World Development Report 2008: Agriculture for Development Overview*）によると，2002年時点で，開発途上国

の貧困層は，4人に3人の割合で農村部に居住しており，そのほとんどが生計を農業に依存している。FAO『世界の食料不安の現状2012』（*The State of Food Insecurity in the World 2012*）は，貧困層が利益を受けることのできる成長のひとつは農業成長であり，農業成長は低所得国ではとくに重要で，貧困削減への農業の貢献度が最も高く，農業は貧困・飢餓削減にとくに効果的であると指摘している。SDGs（第5章1.2参照）も，農業・農村開発を通じて，農民の所得向上や農村での雇用確保を図ることを掲げている。

　加えて近年は，世界的な人口増加，新興国の急速な工業化，エネルギー転換などを背景に，先進国や新興国が南の世界で農地を確保し，自国や世界市場向けに作物を栽培する動きがめだっている。これら広大な農地が輸出向け生産に転用されていくことは，人口増加の続く南の世界で食料価格を上昇させ，飢えを拡大するおそれを招く。

（2）世界食料サミット

　国連食糧農業機関（FAO）の主催により，1996年にローマ（イタリア）で世界食料サミット（World Food Summit）が開催された。このサミットは，食料に関する問題をテーマとする初めての首脳レベルの会議であり，全世界で8億人にのぼる栄養不足人口を2015年までに半減させるとの目標を含む「ローマ宣言」[1]を採択し，「世界食料サミット行動計画」[2]を承認した。

　2009年には，栄養不足人口が09年末までに人類史上初めて10億人を突破すると見込まれる状況を受けて，ローマにおいて，FAO主催の「世界食料安全保障サミット」（World Summit on Food Security）が開催された。サミットでは，「世界食料安全保障サミット宣言」[3]が全会一致で採択され，食料安全保障に関する「ローマ五原則」[4]が示された。

　世界の飢餓・貧困問題への関心と理解を深めるためにFAOが定めた2019年の世界食料デー（World Food Day）には，国連事務総長が，SDGsの達成に向けて国連食料システム・サミット（UN Food Systems Summit）を21年に招集するこ

1）　Rome Declaration on World Food Security. 世界食料安全保障に関するローマ宣言。

2）　The World Food Summit Plan of Action.

3）　Declaration of the World Summit on Food Security.

4）　Five Rome Principles for Sustainable Global Food Security. 持続可能な世界の食料安全保障のためのローマ五原則。

とを発表した。

2　難民

1　難民の歴史

⑴　難民とは

　難民とは，狭義には，難民条約上の「難民」であると受入れ国の政府に認定された人を指す（本節3参照）。これに対して，広義の難民とは，紛争，災害，大規模な人権侵害などの理由により，本来の居住地を離れ，他国に移動した人たちを指す。今日では，難民といえば広義の難民を指すことがより一般的になっている。難民問題は古くからあるが，国際社会の問題として取り上げられるようになったのは，第一次大戦後，ロシア革命やトルコ帝国崩壊によって大量の難民が発生して以降である。

⑵　第二次大戦前

　ヨーロッパでは，第一次大戦末期の1917年のロシア革命によって大量のロシア難民が生じ，また，第一次大戦後には，大恐慌による大量の失業者やナチスの弾圧を逃れるユダヤ人など大規模な難民が発生した。国際連盟は，21年，ナンセン（F. Nansen）を初代の難民高等弁務官（High Commissioner for Refugees）に任命し，のちにはアルメニア難民救済の任務も課した。その後，ナチスの迫害により生じた難民を救済するために38年に設置されたドイツ難民高等弁務官と統合されて，国際連盟難民高等弁務官が置かれた。

⑶　戦後世界

　第二次大戦後には，より大量かつ広範な地域で難民が発生し，国際社会は，設立間もない国連を中心に難民問題に取り組んできた。1946年，国連の専門機関として国際難民機関（International Refugee Organization. IRO）の設置が決められ，48年8月に発足した。また，48年に始まったイスラエル建国をめぐるイスラエルとアラブ諸国との戦争（パレスチナ戦争，第一次中東戦争）によって発生した大量のパレスチナ難民を救済するために，49年に国連パレスチナ難民救済事業機関（United Nations Relief and Works Agency for Palestine Refugees in the Near East. UNRWA）が設置された。翌50年には，国連難民高等弁務官事務所（Office of the United Nations High Commissioner for Refugee. UNHCR）（本節 **5** 参照）が設立され，IRO の事業は UNHCR に引きつがれた。

　これらの取組みは，当初第二次大戦によって発生した難民を念頭に置いたものであったが，その後も難民問題は大規模かつ広範な地域で発生し続けた。とくに1990年代の地域紛争により各地で発生した難民問題については，国際社会の取組みの必要性が強く認識された。

2　今日の難民問題

　近年の難民問題の特色のひとつとして，自然災害や経済危機など複合的な要因が絡んで難民問題が「長期化」する傾向が挙げられる。また，「国内避難民」（Internally Displaced Persons. IDPs）も増加し，とりわけ，コロンビア，アフガニスタン，ミャンマーなどの IDP 問題が注目を集めるようになっている。かつては，国境を越えていない国内避難民は，国内問題として国家主権の壁により，国際機関などの直接の支援を受けることが難しい状況にあった。しかし，現在は，人権・人道の見地から，国際社会は，難民同様に国内避難民の保護・支援に乗り出している。UNHCR『年間統計報告書2019』（*Global Trends 2019*）によると，2019年末時点で紛争や迫害などによって，移動を強いられた人の数が，2010年から約 2 倍に増加して，過去最大の7,950万人となった。このうち，国内避難民が4,570万人，難民などが2,960万人，庇護申請者が420万人となっている。

国内避難民
　戦争や一般化した暴力，人権侵害または自然および人為の災害を避けるために自分の故郷から逃げ出さざるをえなかった人びとで，かつ国際国境線を越えなかったもののこと。

　このほか，UNHCR は，どの国からも市民権や国籍を認められない「無国籍者」（Stateless person）とよばれる人びとが，世界じゅうに存在し，確認されている420万人をはるかに超える数の人びとが存在すると推計している。これらの人びとも，難民と同じく支援なしには生活することがきわめて困難な状況にあるが，あらゆる場所で見過ごされ，「忘れられた人びと」（Forgotten people）ともよばれている。

無国籍者
　無国籍になる原因には，自分の意思をこえた事情（国家の分裂，紛争後の国境線の引直しなど），国家内・国家間の法律の抵触による意図しない国籍の喪失や取得の不可のほか，恣意的な国籍の剥奪などがある。国際結婚で生まれた子どもも無国籍になることがある。一定の国との法的なきずなを証明することのできない者は，教育，医療，労働に関する権利のような最も基本的な権利でさえも，しばしば否認されてしまう。

3　難民条約

　1948年の「世界人権宣言」[5]は，迫害からの庇_ひ護_ごを他国に求め享有する権利
（14条）を定め，67年の「領域内庇護に関する宣言」[6]はこれを再確認した。こ
の間，第二次大戦に関連して多数の難民が生じ，深刻化した難民問題の解決を
より広範な国際協力によって促進するべきであるとの機運が国際社会に高まり，
51年に条約案を討議・採択するための「難民及び無国籍者の地位に関する国際
連合全権委員会議（国連全権委員会議）」が開催され，「難民条約」[7]が採択され，
54年に発効した。

　難民条約が作成された1951年以降においても，ヨーロッパのみならずその他
の地域，とくにアフリカで多数の難民が生じたが，難民条約や UNHCR 規程
は，51年1月1日以降に発生した難民には適用されないという問題を抱えてい
た。そのため，これらの難民についても有効な保護・救済を図るために，対象
とする難民の範囲を拡大する必要が生じた。66年，「難民議定書」[8]案が作成・
採択され，67年に発効した。難民議定書の発効に伴い，難民条約上の時間的・
地理的制限は正式に撤廃された。一般に，難民条約と難民議定書をあわせて
「難民条約」とよんでいる。

　難民条約は，難民を「人種，宗教，国籍若しくは特定の社会的集団の構成員
であること又は政治的意見を理由に迫害を受けるおそれがあるという十分に理
由のある恐怖を有するために，国籍国の外にいる者であって，その国籍国の保
護を受けることができないもの又はそのような恐怖を有するためにその国籍国
の保護を受けることを望まないもの」と定義している（1条 A(2)）。

　難民条約は，難民（条約難民）として入国したことによる処罰の禁止や，迫
害のおそれのある国への難民の送還の禁止（Non-refoulement.ノン・ルフールマン
の原則）のほか，任意帰国・再移住・定住に対する便宜供与，滞在にあたって
の人道的処遇などを定めている。

　日本は，1970年代後半，ベトナム戦争後のインドシナ難民（ベトナム難民，ラ

---

5)　第5章注24参照。

6)　Declaration on Territorial Asylum. General Assembly Resolution 2312（XXII）of 14 December
　　1967.

7)　Convention relating to the Status of Refugees. 難民の地位に関する条約。

8)　Protocol relating to the status of refugees. 難民の地位に関する議定書。

オス難民，カンボジア難民）の発生を契機として，1981年に難民条約，82年に難民議定書に各々加入し，82年から難民条約・難民議定書が日本について発効した。日本は，難民条約への加入にあたり，従来の出入国管理法令を改正し，新たに難民認定制度を導入するとともに，法律の名称も「出入国管理及び難民認定法（入管法）」と改称し，さらに，国民年金法，児童扶養手当法など社会保障関係法令を改正して，国籍要件を撤廃した。

4　難民問題の解決

難民問題の恒久的解決策には三つの方法があるといわれている。すなわち，

― 「自発的帰還」。出身国（本国）に帰還し，再度定住する（国内避難民の場合は，故郷へ帰還する）。最も好ましい解決策であるが，迫害の原因の解消，紛争の終結，和解や復興の進展など国家の再建が条件になる。

― 「第一次庇護国への定住」。「自発的帰還」が可能でない場合に，難民として避難し，滞在する最初の受入れ国に定住する。

― 「第三国定住」。最初の受入れ国以外の第三の受入れ国に移動し定住する。本国への帰還が難しく，第三国に再定住することが難民にとって唯一の安全かつ実行可能な解決策となる場合，「第三国定住」は，長期化する難民の状況に対する「恒久的解決策」のひとつとなる。UNHCRは，第三国定住による難民の受入れを各国に推奨しており，難民問題に関する負担を国際社会において適正に分担するという観点からも重視されている。

日本の第三国定住事業
　日本は，国際貢献および人道支援の観点から，パイロットケースとして，2010年から14年までタイに滞在するミャンマー難民を第三国定住により受け入れた。15年からはマレーシアに滞在するミャンマー難民を対象として，19年までにパイロットケースとあわせて合計50家族194人を受け入れた。20年以降は，アジア地域に滞在する難民と第三国定住により受け入れた難民の親族を対象として行われる。

5　UNHCR

(1)　プロローグ

1949年，国連総会は，第二次大戦中に流出したヨーロッパの難民の救済を目的として1948年に発足した国際難民機関（IRO）の業務を引きつぐ国連難民高等弁務官事務所（UNHCR）の設置を決定し，50年に設置されたUNHCRは51年1月に活動を開始した。UNHCRは当初，暫定機関として発足したが，その後数十年間，世界各地で国を追われた人びとがふえるにつれ，その存続期間を

５年ごとに延長してきた。2003年12月，国連総会はその存続期限を撤廃し，これにより，UNHCRは，難民問題が解決するまでの恒久的機関となった。

(2) 組織

UNHCRは，国連の補助機関として活動し，その事業は主に政府による任意拠出金，さらに一般市民や団体などから集められた寄附金により成り立っている。UNHCRの長である国連難民高等弁務官は，国連事務総長の指名に基づいて，任期を５年として国連総会で選出され，経済社会理事会（経社理）と国連総会に対して報告義務を負っている。1991年から2000年には，第８代高等弁務官として緒方貞子が就任していた。本部はジュネーブに置かれ，2019年現在，約135カ国に現地事務所が置かれている。日本でもインドシナ難民問題に直面した際，1979年にUNHCR駐日事務所が開設された。

(3) 活動

UNHCRの設立文書が規定する基本的な任務は，難民に避難先での雇用や教育などの保護を与えることであり，設立当初から，その活動は，非政治的，人道的なことに限定されている。そして，①国連事務総長または国連の主要機関（総会，安保理，経社理など）からの具体的な要請，②当事国の同意を満たせば，国内避難民も援助の対象となった。現在，UNHCRの支援対象者は，難民だけではなく，庇護申請者や帰還民，無国籍者，さらに国内避難民が含まれている。2019年現在，UNHCRは約8,650万人の国内避難民を支援している。1954年と1981年，UNHCRはその活動に対してノーベル平和賞を受賞した。

3　地雷

1　地雷とは

地雷（Land mine）とは，地中に埋設しておき，敵が接近し，またその上を通過するとき爆発させて殺傷または破壊する近代戦の主要兵器のひとつである。大きく分けて対人用と対戦車用とがあり，対人地雷とは，人の存在，接近または接触によって爆発するように設計された地雷を指す。現在も世界64カ国には１億1,000万個以上の地雷が埋められたままになっており，毎年２万人以上の死傷者を出している。しかも，そのほとんどが子どもを含む一般市民である。

紛争地域を中心に埋設された地雷は，一般市民に対し無差別な被害を与えるだけでなく，そうした地域の紛争終結後の復興と開発，難民・避難民の帰還などにとって大きな障害となっている。

2　生産禁止・撤去などの努力

非人道的な効果を有する特定の通常兵器の使用の禁止・制限については，「ジュネーヴ追加議定書」[9]が採択される過程において議論されたものの結論を得ず，その後，1979年および80年の2回にわたり開催された国連会議の結果，80年に「特定通常兵器使用禁止制限条約」[10]が採択され，83年に発効した。しかし，特定通常兵器使用禁止制限条約議定書Ⅱ[11]は，対人地雷が主に使用される内乱には適用されず，また，探知不可能な地雷などを禁止していないなどの問題点を内包していた。

冷戦終結後，地域紛争の激化とともに対人地雷の脅威が深刻化し，その生産・移転・使用の禁止問題が国際的関心を集めるようになった。1995年にジュネーブで開催された特定通常兵器使用禁止制限条約再検討会議では，各国のNGOから対人地雷の全面規制と輸出禁止を求める強い働きかけがなされ，96年に特定通常兵器使用禁止制限条約議定書Ⅱが改正された。この改正議定書Ⅱ[12]は，適用を内戦にまで拡大し，悪質な対人地雷の原則使用禁止や移譲の制限を盛り込み，規制内容を強化した。しかし，改正議定書Ⅱも対人地雷の生産や貯蔵を禁止するには至っておらず，また，使用や移譲の禁止に関しても一定の条件のもとでの規制にとどまった。

3　対人地雷全面禁止条約

対人地雷全面禁止条約の成立をめざすNGO「地雷禁止国際キャンペーン」（International Campaign to Ban Landmines. ICBL）は，対人地雷の全面禁止が必要であるとする国際世論を盛り上げると同時に，各国政府にも強力に働きかけた。1996年10月にカナダ政府主催の対人地雷全面禁止のための世界会議がオタワにおいて開かれ，賛同国だけによる条約の発効というオタワ・プロセス（Ottawa process）が提唱された。同年12月には国連総会が，対人用地雷の生産・貯蔵・

---

9)　第5章注40，41参照。
10)　第5章注46参照。
11)　第5章注48参照。
12)　第5章注49参照。

74

図6-1　兵器に関する国際的枠組み

大量破壊兵器（核兵器，生物・化学兵器など）	通常兵器（大量破壊兵器を除く兵器全般）

大量破壊兵器（核兵器，生物・化学兵器など）側：

核兵器禁止条約（TPNW）
2021年発効

核兵器不拡散条約（NPT）
1970年発効

包括的核実験禁止条約（CTBT）
1996年採択（未発効）

化学兵器禁止条約（CWC）
1997年発効

生物兵器禁止条約（BWC）
1975年発効

通常兵器側：

武器貿易条約（Arms Trade Treaty. ATT）
2014年発効

小型武器	クラスター弾	対人地雷
国連小型武器行動計画 2001年採択	クラスター弾に関する条約（オスロ条約）2010年発効／特定通常兵器使用禁止制限条約（CCW）1983年発効	対人地雷禁止条約（オタワ条約）1999年発効

出所：外務省HPほかより作成。

　使用・移転を禁止する国際協定を「できるだけ早期に」交渉することを求める決議を採択するなど，地雷廃絶に対する国際世論が盛り上った。97年9月，オスロ（ノルウェー）で開かれた各国政府間会議で対人地雷禁止条約[13]が採択され，99年に発効した。対人地雷禁止条約の実現に向け精力的に活動を展開してきたICBLとその世話人であるアメリカ人女性ジョディ・ウィリアムズ（Jody Williams）が，その貢献に対して97年にノーベル平和賞を受賞した。

　対人地雷禁止条約は，締約国に対して，対人地雷の使用・開発・生産・取得・貯蔵・保有・移譲を禁止し，これらの禁止活動の援助・奨励・勧誘を禁止するとともに，条約に従いすべての対人地雷を廃棄することを義務づけている。

13)　第5章注53参照。

第7章　21世紀の国際社会(3)──環境と法

1　環境と環境権

1　環境とは

環境（Environment）という用語を直接に定義した国際文書はない。個々の環境条約が，その規制に必要な範囲で特定の資源に言及したり，環境に対する悪影響（損害または危険）について定義したりするにすぎない。1972年にストックホルム（スウェーデン）で開催された「国連人間環境会議」（United Nations Conference on the Human Environment. ストックホルム会議）（本章**2.3**(1)参照）において採択された「人間環境宣言」[1]は，「自然のままの環境」（Natural environment）と「人によって作られた環境」（Man-made environment）について，ともに人間の福祉，基本的人権ひいては生存権そのものの享受のために重要であると宣言した。このような説明からすれば，環境とは，健全な管理（保護・保全または利用）が要求されるような天然資源だけでなく，人間と動植物が生活ないし生息する空間ということになる。

2　環境権

環境権とは，一般的には，人間生活に関わる大気，水，日照，静穏などに関して良好な環境を享受することができる権利として主張されている。日本では，公害反対運動の盛り上りのなかから新たに提唱された概念で，その根拠は，憲法13条・25条に求められている。新たに主張された法的概念だけに，環境権の内容・効果は十分固まっているとはいえず，具体的な請求権を基礎づけるものかどうかという点については学説上も異論があり，判例も環境権を否定する傾

---

1) Declaration of the United Nations Conference on the Human Environment. ストックホルム宣言。

76

3　地球環境問題

　1972年ストックホルム会議を契機として発足した国連環境計画（United Nations Environment Programme. UNEP）のほか，世界気象機関（World Meteorological Organization. WMO），世界保健機関（World Health Organization. WHO）などによる世界の環境についての継続的な観測・監視活動を通じて，人類の将来にとって大きな脅威となる地球環境問題に関する国際社会の関心が，近年著しく高まっている。環境省は，近年の『環境白書』のな

開発途上国の都市化と大気汚染の越境
　上下水道や廃棄物処理施設などが整備されていない開発途上国で都市化が拡大すると，大気汚染・交通渋滞・廃棄物管理などの都市部が抱える課題がさらに深刻になる。大気汚染は，急速な都市化や自動車の普及に伴って拡大し，住民の重大な健康被害や生活環境の悪化の原因となる。2013年1月には，北京市（中国）を中心にPM2.5などによる大規模な大気汚染が断続的に発生し，日本においても，西日本で広域的に環境基準を超えるPM2.5濃度が一時的に観測された。

かで，九つの現象（①オゾン層の破壊，②地球温暖化，③酸性雨，④森林，とくに熱帯林の減少，⑤野生生物種の減少，⑥砂漠化，⑦海洋汚染，⑧化学物質の管理と有害廃棄物の越境移動問題，⑨開発途上国の公害問題）を地球環境問題として取り上げているが，厳密な定義がなされているものではない。

2　国際環境法

1　国際環境法とは

　国際環境法（International environmental law）とは，環境問題を規律する国際法規の体系である。国際環境法の規則は国家間で形成され，条約または慣習法の規則によって存在し，適用・執行される。国際環境法の規則は，環境問題が一国内に限定されなくなった1970年代，とくに1972年にストックホルム会議が開催され，環境保全に関する国際的な原則を規定する「人間環境宣言」[2]を採択した1970年代前半に成立したといわれる。

　国際環境法は，環境損害からの救済に関する法規と環境危険を予防する法規に分けることができる。前者は，ばい煙や水質汚濁などの環境損害が隣接国からもたらされた場合，環境損害の原因企業が領域を使用していることを根拠として，国家の領域管理責任違反に対して，国家責任法に基づいて国家の違法行

　2）　本章注1参照。

為責任（過失責任）を追及して被害国の救済を図るものである。さらに近年では，被害者救済の充実，環境保護の観点から，「バーゼル損害賠償責任議定書」3)や「危険物質及び有害物質の海上輸送に関連する損害についての責任並びに損害賠償及び補償に関する国際条約」4)などに見られるように，無過失賠償責任の原則を導入する国際環境条約が整備されている。また，後者は，環境損害ではなく，環境危険を事前に防止するための国際法規，とくに多数国間条約の整備が必要と考えられるようになり，国連環境計画（UNEP）などがその立案の中心となって形成されてきたものである。各国の環境保全義務は，貧困を解消し，将来の世代まで環境を維持していくという「持続可能な開発」（Sustainable development）の原則（本節5参照）によって支えられている。「オゾン層を破壊する物質に関するモントリオール議定書」5)に見られるように，開発途上国への特別の配慮が規定されることが多い。

　また，国際環境条約には，「生物多様性条約」6)や「バーゼル条約」7)のように，国家に具体的な義務を課す場合と，地球環境問題について科学的知見の発展に対応するために，多数国間の問題対処の一般原則および目的のみを定める枠組協定を作成し，具体的な義務や基準設定の手続などの細部は議定書に委ねるという仕組みをとる場合がある。「オゾン層保護ウィーン条約」8)と「モントリオール議定書」，「国連気候変動枠組条約」9)と「国連気候変動枠組条約京都議定書（京都議定書）」10)（本章3参照）は後者の代表的な例である。

---

3) Protocol on Liability and Compensation for Damage Resulting from Transboundary Movements of Hazardous Wastes. 有害廃棄物の越境移動に関する損害賠償責任議定書。

4) International Convention on Liability and Compensation for Damage in Connection with the Carriage of Hazardous and Noxious Substances by Sea, 1996. HNS 条約。

5) Montreal Protocol on Substances that Deplete the Ozone Layer. モントリオール議定書。

6) Convention on Biological Diversity. 生物の多様性に関する条約。

7) Basel Convention on the Control of Transboundary Movements of Hazardous Wastes and their Disposal. 有害廃棄物の国境を越える移動及びその処分の規制に関するバーゼル条約。

8) Vienna Convention for the Protection of the Ozone Layer. オゾン層の保護のためのウィーン条約。

9) United Nations Framework Convention on Climate Change. UNFCCC. 気候変動に関する国際連合枠組条約。

10) Kyoto Protocol to the United Nations Framework Convention on Climate Change. 気候変動に関する国際連合枠組条約の京都議定書。

2 環境関連条約の出現

国際社会は，1972年の「人間環境宣言」で環境問題に積極的に取り組む姿勢を明らかにした。しかし，これ以前に環境保護の条約がなかったわけではない。20世紀に入り国境を越える環境の保護が徐々に意識されるようになり，汚染に関しては，環境に直接的な損害をおよぼすことから，その防止のための条約が早くから整備されてきた。1950年代以降には，海洋や宇宙を対象とした汚染防止の条約体制が設立された。1960年代には，海洋，大気，淡水が希少な資源として認識され，同年代の終わりには科学的知見に基づく地球生態系の危機に対する国際社会の関心が増大した。この時期に作成された条約として，1954年「海洋油濁防止条約」[11]，1958年「漁業及び公海の生物資源の保存条約」[12]，1958年「大陸棚条約」[13]，1958年「公海条約」[14]，1963年「部分的核実験禁止条約」[15]，1967年「宇宙条約」[16]，などがある。このような状況のなかで1972年にストックホルム会議が開催されることになる。

3 環境関連条約の発展

(1) 国連人間環境会議

1972年6月，「かけがえのない地球」をスローガンとして開催された第1回国連人間環境会議（ストックホルム会議）は，国際社会が初めて環境問題に取り組んだ最初の国際会議であった。ストックホルム会議では，環境保護を進めていくための一般原則である「人間環境宣言」[17]を含めた多数の合意文書が採択された。人間環境宣言は，ストックホルム宣言ともいわれ，ここで述べられた26の原則は，それ自体法的拘束力をもつものではないが，環境問題の一般的・

11) 1954 International Convention on the Prevention of Pollution of the Sea by Oi. 千九百五十四年の油による海水の汚濁の防止のための国際条約。

12) Convention on Fishing and Conservation of the Living Resource of the High Seas. 漁業及び公海の生物資源の保存に関する条約。

13) Convention on the Continental Shelf. 大陸棚に関する条約。

14) Convention on the High Seas. 公海に関する条約。

15) Treaty Banning Nuclear Weapons Tests in the Atmosphere, in Outer Space and Under Water. 大気圏内，宇宙空間及び水中における核兵器実験を禁止する条約。

16) Treaty on Principles Governing the Activities and States in the Exploration and Use of Outer Space, Including Moon and Other Celestial Bodies. 月その他の天体を含む宇宙空間の探査及び利用における国家活動を律する原則に関する条約。

17) 本章注1参照。

基本的原則について規定し，その後の世界的な環境保護制度の基礎をなすものとなった。

ストックホルム会議を契機に，「人間環境宣言」および「環境国際行動計画」を実施に移すための機関として，1972年に国連環境計画（UNEP）が設立され，環境に関する条約は急速に発展することとなった。また，1975年には，全欧安全保障協力会議（Conference on Security and Co-operation in Europe. CSCE）が，環境に関する地域的国際協力を約束する「ヘルシンキ最終議定書」[18]を採択し，越境回避の一般的義務，生態系の均衡維持の必要性を強調した。

（2）**国連環境計画**

1978年の UNEP 管理理事会が採択した「共有天然資源行動原則」[19]は，資源開発の主権的権利と責任，環境影響評価の義務，事前の通報と協議の義務，環境紛争の解決，被害者個人の救済などを規定し，後の国際環境法の発展に努めた。この行動原則は，OECD の勧告とともに，80年代の国際法団体の活動に影響を与えた。

これまでに，UNEP の主催で多くの国際環境条約が締結され，UNEP 自体も現在，「生物多様性条約」[20]，「ワシントン条約」[21]，「オゾン層保護ウィーン条約」[22]，「モントリオール議定書」[23]，「バーゼル条約」[24]，「ボン条約」[25]，「ス

「26の原則」（人間環境宣言）の定める項目

原則1　環境に関する権利と義務；原則2　天然資源の保護；原則3　再生可能な資源；原則4　野生生物の保護；原則5　再生不能の資源；原則6　有害物質の排出規制；原則7　海洋汚染の防止；原則8　経済的・社会的開発；原則9　開発の促進と援助；原則10　一次産品の価格安定；原則11　環境政策の影響；原則12　環境保護のための援助；原則13　総合的な開発計画；原則14　合理的計画；原則15　居住および都市化の計画；原則16　人口政策；原則17　環境所管庁；原則18　科学技術；原則19　環境教育；原則20　研究開発の促進，交流；原則21　環境に対する国の権利と責任；原則22　補償に関する国際法の発展；原則23　基準の設定要因；原則24　国際協力；原則25　国際組織の役割；原則26　核兵器その他の大量破壊兵器。

18)　Helsinki Final Act.
19)　Principles of Conduct in the Field of the Environment for the Guidance of States in the Conservation and Harmonious Utilization of Natural Resources Shared by Two or More States. 複数の国家が共有する天然資源の保全及び調和ある利用に関する各国のガイダンスのための環境分野における行動原則。共有天然資源の保存・利用に関する国家行動原則。
20)　Convention on Biological Diversity. 生物の多様性に関する条約。
21)　Convention on International Trade in Endangered Species of Wild Fauna and Flora. CITES. 絶滅のおそれのある野生動植物の種の国際取引に関する条約。
22)　本章注8参照。
23)　本章注5参照。
24)　Basel Convention on the Control of Transboundary Movements of Hazardous Wastes and their Disposal. 有害廃棄物の国境を越える移動及びその処分の規制に関するバーゼル条約。
25)　Convention of Migratory Species of Wild Animals. 移動性の野生動物種の保護に関する条約。

トックホルム条約」[26]などを管理する事務局とし
て指定されている。また，地球環境の改善のため
には，とくに開発途上国における国内法の実施・
遵守が課題となっていることから，UNEP は，
法規範の遵守などについて開発途上国の能力の構
築や技術移転に焦点を絞った活動を行っている。

(3) OECD

OECD は，加盟国の環境政策の作成および経
済的・社会的な発展と環境政策の調和を任務とす
る環境委員会（Environment Committee）を設立し
(70年)，「環境指針原則」[27]，「環境政策宣言」[28]，
「汚染者負担原則」[29]，「越境汚染原則」[30]などの勧
告を採択している。また，1986年チェルノーブィ
リ原発事故を契機に，「越境事故情報交換決定」[31]
が採択された。

(4) EC／EU

欧州経済共同体（European Economic Community. EEC）（その後の欧州共同体。
European Community. EC，現在の欧州連合。European Union. EU）は，1958年の発足
当初，環境政策をもたなかったが，73年に共同宣言「環境行動計画」[32]を採択

水銀に関する水俣条約（水俣条約）
　水銀の一次採掘の禁止から貿易，水
銀添加製品や製造工程，大気への排出，
水銀廃棄物に係る規制に至るまで，水
銀が人の健康や環境に与えるリスクを
低減するための包括的な規制を定める
条約。UNEP 管理理事会の合意に基
づいて，2010年から政府間交渉が開始
された。13年10月に熊本市および水俣
市で UNEP の水俣条約外交会議が開
催され，139の国・地域が参加し，日
本を含む91カ国と EU が水俣条約に署
名した。水俣条約は17年8月に発効し
た。

汚染者負担の原則（Polluter Pays Principle）
　公害発生に原因を与えた者が，それ
によって生じた諸問題を解決するため
に要する費用を負担すべきであるとの
法原則。OECD が1972年の環境指針
原則勧告のなかで提唱した考え方（環
境保全のための経費は汚染者が負担し，
国の補助金などは用いるべきではな
い）を受けたもの。

---

26) Stockholm Convention on Persistent Organic Pollutants. 残留性有機汚染物質に関するストッ
クホルム条約。

27) Recommendation of the Council on Guiding Principles Concerning International Economic
Aspects of Environmental Policies, 26 May 1972. 環境政策の国際経済面に関する指針原則に関
する理事会勧告。

28) Declaration on Environmental Policy, 14 November 1974. 環境政策に関する宣言。

29) Recommendation of the Council on the Implementation of the Polluter-Pays Principle, 14
November 1974. 汚染者負担原則の実施に関する理事会勧告。

30) Recommendation of the Council on Principles concerning Transfrontier Pollution, 14
November 1974. 越境汚染に関する原則に関する理事会勧告。

31) Decision of the Council on the Exchange of Information Concerning Accidents Capable of
Causing Transfrontier Damage, 8 July 1988. 越境損害を惹起しうる事故に関する情報交換に関
する理事会決定。

32) Declaration of the Council of the European Communities and of the representatives of the
Governments of the Member States meeting in the Council of 22 November 1973 on the
programme of action of the European Communities on the environment.

した。「環境行動計画」（Environment Action Programme）は，ECの環境政策の大
網として73年の「第一次環境行動計画」から，77年，82年，87年，93年，2002
年と策定され，第七次環境行動計画（2013-2020）に続く第八次環境行動計画
（2021-2030）の策定が現在進められている。

　1987年発効の「単一欧州議定書」[33]は，EEC設立条約（93年発効のマーストリ
ヒト条約により「欧州共同体設立条約」に呼称変更）を改正し，これにより，環境
保護に関するECの権限が明確化され，また，環境に関する規定（100条および
第7編　環境）が初めて取り入れられた。これらの規定は，93年発効のマースト
リヒト条約による「EEC設立条約」の「欧州共同体設立条約」への呼称変更，
2009年発効のリスボン条約による「欧州共同体設立条約」の「EU機能条約」
への呼称変更を経て継承されて，現在はEU機能条約4条，11条および第20編
環境（191条～193条）に規定されている（EUについて第11章参照）。

　このほか，EEC（当時）とアフリカ・カリブ海・太平洋諸国（三地域の頭文字
をとってACP諸国）との間の経済協力関係を定めた「ロメ協定」[34]は，90年発効
の第四次協定において環境保護条項（33～41条）を導入し，EECからACP諸
国に有害廃棄物を輸出することが原則として禁止された。2000年2月末に失効
した第四次ロメ協定に代わって締結されたコトヌゥ協定[35]では，欧州連合
（EU）とACP諸国との間の開発協力における環境保護，天然資源の持続的利
用・管理について規定した。18年，20年以降の協力関係の構築に向けて，コト
ヌゥ協定に代わる新協定の交渉が開始された。

4　環境関連条約の拡充

⑴　1970年代

　1972年のストックホルム会議を契機として環境に関する条約の増加が進行し，
1970年代は今日の環境保護が形成される基礎となった。

　共通の環境問題を研究するための二国間協力を約束する条約（「米ソ環境協力

---

33)　Single European Act.
34)　Lome Convention.
35)　Partnership Agreement between the Members of the African, Caribbean and Pacific Group of
　　States of the One Part, and the European Community and Its Member States, of the Other Part.
　　The Cotonou Agreement. アフリカ・カリブ海・太平洋諸国と欧州共同体とその加盟国間の
　　パートナーシップ協定。

協定」[36]や「日米環境協力協定」[37]など）や，地域的な協定（「北欧環境保護条約」[38]など）が締結された。また，「生物種」や「自然地域」の保全などに関する多数国間条約（「ワシントン条約」[39]，「ボン条約」[40]，「ラムサール条約」[41]，「世界遺産条約」[42]など）が締結された。このような法形成は，人間環境宣言を踏まえた現象である。

このほか，この時期には，環境保護に関する国家の権利・義務の内容がいっそう具体化した。先に見たように，UNEP，OECD，EC／EU などの国際機関は，一般的な法原則を提示し，その後の発展（条約の慣習法への転換）を促進するのに役割を果たしている。

(2) 1980年代

1980年代に入ると，地球的規模の環境破壊が認識されるようになる。82年のUNEP「ナイロビ宣言」[43]では，オゾン層の破壊，二酸化炭素濃度の上昇，酸性雨，海洋・淡水の汚染，有機廃棄物の処分に伴う汚染，動植物の種の絶滅など，地球環境に対する脅威が広範囲にかつ現実の問題として確認されている。これによって，浪費的消費や貧困の克服，国際協力のいっそうの充実，開発途上国への技術的・財政的援助の必要など，今後の国際社会の行動方針が示された。

1980年代後半から，先進国首脳会議の経済宣言は地球環境問題を重視し，地球生態系の均衡の保持は国際協力によって解決すべき緊急課題とした。こうした課題の解決は，現在の世代だけでなく将来の世代の利益であり，そのためには開発途上国の経済成長を維持させる財政的・技術的支援が必要であるとした。

---

36) Agreement on Cooperation in the Field of Environmental Protection between the United States of America and the Union of Soviet Socialist Republic.

37) Agreement between the Government of Japan and the Government of the United States of America on Cooperation in the Field of Environmental Protection.

38) Convention on the Protocol of the Environment between Denmark, Finland, Norway and Sweden.

39) 本章注21参照。

40) 本章注25参照。

41) Convention on Wetlands of International Importance Especially as Waterfowl Habitat. 特に水鳥の生息地として国際的に重要な湿地に関する条約。

42) Convention Concerning the Protection of the World Cultural and Natural Heritage. 世界の文化遺産及び自然遺産の保護に関する条約。

43) Nairobi Declaration.

また，開発途上国の閣僚宣言でも，地球環境の保護と開発途上国の開発の権利
は両立するものでなければならず，その保護手段は開発途上国の経済成長と開
発を支援するものでなければならないとしてきた。この間には，先進国主導の
環境政策に対する NGO などの反対運動が激化した。

「持続可能な開発」の概念は，1980年代に徐々に形成され，国際社会は1990
年代以降，これを実行に移すことになる。

5 「持続可能な社会」の実現に向けた動き

(1) 「環境と開発に関する世界委員会」

1987年に「国連環境と開発に関する世界委員会」(United Nations World Com-
mission on Environment and Development. 国連環境特別委員会あるいはブルントラント
委員会) が公表した報告書 *Our Common Future*（『地球の未来を守るために』, ブル
ントラント報告書) は，「持続可能な開発」を「未来の世代が彼ら自身のニーズ
に合致させる能力を損なうことなく，現在のニーズに合致する開発」と定義し，
政策決定における環境と経済の統合などを政策目標として位置づけた。環境と
開発に関する世界各国間での合意が必要であるとの認識は，ブルントラント報
告書をきっかけとして共有されるようになり，その後の「国連環境開発会議」
の開催へとつながっていった（第**14**章**3.3**参照）。

(2) 環境と開発に関する国連会議（リオ・サミット）

国連人間環境宣言を発展させるために，1992年にリオデジャネイロ（ブラジ
ル）で「環境と開発に関する国連会議」(United Nations Conference on Environment
and Development. UNCED. 国連環境開発会議。地球サミット。リオ・サミット) が開
催され，各国や国際機関が遵守すべき行動原則である「環境・開発リオ宣言
（リオ宣言）」[44]，この宣言を達成するための行動計画（「アジェンダ21」[45]），「森林
原則声明」[46]などが採択されるとともに，「国連気候変動枠組条約」[47]・「生物多
様性条約」[48]の署名が開始され，「砂漠化対処条約」[49]の策定について基本合意

---

44) Rio Declaration on Environment and Development. 環境と開発に関するリオ宣言。
45) Agenda 21.
46) Non-legally Binding Authoritative Statement of Principles for a Global Consensus on the
Management, Conservation and Sustainable Development of All Types of Forests. 全ての種類の
森林の経営，保全及び持続可能な開発に関する世界的合意のための法的拘束力のない権威ある
原則声明。
47) 本章注 9 参照。

がなされた。

　リオ宣言は全体で27の項目からなり，環境と開発に関する国家の主権的権利と責任，「発展の権利（開発の権利）」（Rights to development）（第**14**章**3**参照）の行使と世代間の衡平，環境と開発の統合による「持続可能な開発」の達成，貧困撲滅のための国際協力，開発途上国の特殊な状況とニーズの優先，賠償と救済，効果的な国内環境立法の制定，環境損害の防止，汚染者負担原則，環境影響評価の国内実施，などの一般原則を規定する。しかし，環境保全を重視する先進国と開発の権利を優先させる開発途上国との間の対立は根深く，開発の権利・必要性に関する「リオ宣言」の原則にもあらわれている。

グリーン経済

　2011年，国連環境計画（UNEP）『グリーン経済』（*Green Economy*）および経済協力開発機構（OECD）『グリーン成長に向けて』（*Towards Green Growth*）と題する二つの報告書が公表された。UNEP報告書は，「グリーン経済」を，環境問題に伴うリスクと生態系の損失を軽減しながら，人間の生活の質を改善し社会の不平等を解消するための経済のあり方であると定義する。OECD報告書は，「グリーン成長」（Green growth）を経済的な成長を実現しながら人びと暮らしを支えている自然資源と自然環境の恵みを受け続けることであるとする。このような考え方は，資源制約の克服と環境負荷の軽減，経済成長の達成，生活の質と福利の向上を同時に実現する経済のあり方や解決策を示そうとするものであり，国際的にも大きな関心が高まっている。

(3)　アジェンダ21と環境関連条約の目標達成

　1997年の第9回国連環境開発特別総会（Special Session on Environment and Development）は，92年の行動計画の実施状況を検証し，今後の優先課題を示す「アジェンダ21のさらなる実施計画」[50]に関する決議を採択した。決議では，経済成長と環境保護の両立という理念を具体的に実現することの難しさが改めて明らかにされ，持続的でない先進国の生産と消費のパターンによって環境への脅威が増していることが指摘された。また，今後の課題として，森林保護条約と現実的かつ衡平な規制目標を設ける気候変動枠組条約の議定書の作成が必要とされた（本章**3.2**参照）。

　2012年には，リオデジャネイロで「国連持続可能な開発会議」（United Nations Conference on Sustainable Development. リオ＋20）が開催され，成果文書

---

48)　本章注6参照。

49)　United Nations Convention to Combat Desertification in Those Countries Experiencing Serious Drought and/or Desertification, Particularly in Africa. UNCCD. 深刻な干ばつ又は砂漠化に直面する国（特にアフリカの国）において砂漠化に対処するための国際連合条約。

50)　Programme for the Further Implementation of Agenda 21. General Assembly Resolution S/19-2 of 28 June 1997.

「我々の求める未来」[51]が採択され，グリーン経済など将来の開発のあり方に筋
道がつけられた。UNEP は14年，第 1 回の国連環境総会（United Nations Envi-
ronment Assembly. UNEA）を開催した。UNEA では，SDGs（第 5 章 1.2 参照）の
環境的側面の実施などが議論されており，17年以後は原則として奇数年に 2 年
に 1 回開催されている。

3 地球温暖化問題

1 国連気候変動枠組条約

国連気候変動枠組条約[52]は，1980年代の地球温暖化対策の議論を踏まえて，
1992年にリオ・サミットで作成され，94年に発効した。2020年 8 月現在，署名
国は156カ国，締約国は195カ国となっている。日本は，92年に署名し，93年に
批准した。

国連気候変動枠組条約は，「共通に有している
が差異のある責任」を定め，附属書 I 国（先進国）
は，大気中の二酸化炭素およびその他の温室効果
ガス（Green House Gas. GHG）の排出量を，2000年
までに1990年の水準に戻すことが義務づけられる。
その一方で，非附属書 I 国（開発途上国）は，
GHG 削減義務を負わず，先進国には開発途上国
への GHG 排出防止資金や援助供与などの支援が
義務づけられている。また，締約国は，具体的対
策や排出量などの情報について，「締約国会議」（Conference of the Parties to the
United Nations Framework Convention on Climate Change. COP）への報告を義務づけ
られている。

> **気候変動に関する政府間パネル（In-tergovernmental Panel on Climate Change. IPCC）**
> 1988年，UNEP と WMO は共同で，政府間機構である IPCC を設立した。IPCC には三つの作業部会と GHG 目録に関するタスクフォースが設けられ，科学的知見，影響予測などを検討し，国際的な地球温暖化問題の対応策の科学的な裏づけを行っている。IPCC は，その活動が評価され，2007年にアメリカ元副大統領アル・ゴア（Albert〈Al〉 Gore）とともにノーベル平和賞を受賞した。

2 国連気候変動枠組条約京都議定書とポスト京都議定書

気候変動枠組条約における先進国の GHG 削減義務は法的拘束力を有しない
努力目標にすぎず，また，2000年以降の対策も明確に規定されていなかった。

---

51) The Future We Want.
52) 本章注 9 参照。

1997年，COP 3において「京都議定書」[53]が採択され，05年に発効し，署名国は83カ国，締約国は192カ国となった。日本は，98年に署名し，02年に批准した。

京都議定書では，附属書 I 国（先進国）に対し，1990年の GHG 排出量を基準として，第一約束期間（2008年～2012年）の GHG 排出量について法的拘束力のある排出削減の数値目標を定めた。また，京都議定書では柔軟性措置として，市場メカニズ

附属書 I 国の GHG 排出削減数値目標・排出枠と京都メカニズム

基準年排出量より計算される初期割当量は，割当量単位（AAU）とよばれ，各国の排出枠となる。1990年以降の人為的な植林などは吸収源として目標達成に含めることができる。京都メカニズムは，自国内での削減努力を前提としつつ，目標達成に不足する分について，クリーン開発メカニズム（CDM），共同実施（JI），国際排出量取引を認める。
附属書 I 国の総排出枠＝AAU ＋吸収源活動による吸収量＋ CDM ／ JI プロジェクト

ムを利用した「京都メカニズム」（Kyoto Mechanisms）が導入された。しかし，京都議定書には，世界全体の排出量の約24パーセントをしめる中国を含む開発途上国に GHG 排出量削減義務がなく，また同じく約18パーセントを占めるアメリカが参加していなかった。

2011年にダーバン（南アフリカ）で開催された COP17において，アメリカや中国を含むすべての主要国が参加する公平かつ実効性のある「ポスト京都議定書」の枠組みを構築するために，「ダーバン・プラットフォーム特別作業部会」（Ad Hoc Working Group on the Durban Platform for Enhanced Action）が設置され，12年のドーハ（カタール）で開催された COP18で第二約束期間（2013年～2020年）が設定された。しかし，日本は，すべての国が参加しない京都議定書は公平性・実効性に問題をかかえているとの観点から，第二約束期間に参加していない。

2015年，パリ（フランス）で開催された COP21において，開発途上国を含むすべての国が参加する「パリ協定」[54]が採択され，16年11月に発効した。20年11月現在，署名国は194カ国，締約国は189カ国となっている。日本は，16年に署名，批准した。パリ協定は，京都議定書に代わる20年以降の新たな国際枠組みであり，産業革命以降の世界の平均気温上昇を2.0℃未満に抑えることを世界共通の目標として設定し，さらに1.5℃未満に抑える努力をすることを確認している。

---

53) 本章注10参照。
54) Paris Agreement.

第8章　21世紀の国際社会(4)——保健医療・教育と法

1　子どもと女性の権利

1　子どもと女性を取り巻く状況

　現在，多くの子どもたちが過酷な環境に置かれている。ユニセフによれば，今日，年間520万人の子どもが5歳の誕生日も迎えられずに命を失っている。また，5,900万人の子どもたちは小学校にも通うことができない。そのほかにも，多くの子どもたちが，HIV／エイズで親を失ったり，戦争に巻き込まれて兵士にさせられている。また，社会規範や社会的価値観，歴史的に不平等な男女間の関係などを背景に，女性や少女も，女性だという理由で不当な行為や暴力を受けやすい状況に置かれている。

2　ユニセフ

(1)　プロローグ

　国連児童基金（United Nations Children's Fund. UNICEF. ユニセフ）は，保健，教育，福祉など開発途上国および災害被害国の子どもの援助を行う国連機関である。第二次大戦で被災した子どもたちに対して緊急支援を行うことを目的として，国連総会決議に基づいて，1946年に国連国際児童緊急基金（United Nations International Children's Emergency Fund. UNICEF. ユニセフ）が，連合国救済復興機関（United Nations Relief and Rehabilitation Administration）の戦災児童救援事業を継承する臨時機関として設立された。53年，国連総会は，国連機構内の一機関としてユニセフを存続させることを満場一致で可決し，ユニセフは「国際連合児童基金」（United Nations Children's Fund）に改称された。この際，略称の「ユニセフ」は，世界じゅうの人びとに親しまれていたため，そのまま使用されることとなり，今日に至っている。

ユニセフはニューヨーク（アメリカ）に本部を置くほか，世界7カ所に地域事務所を置いて，18歳になるまではみんな子どもであるとし，「子ども最優先」を掲げて支援活動を行っている。ユニセフの活動の費用はすべて，各国政府や政府間機関からの任意拠出金と民間部門（個人や団体）からの募金によって賄（まかな）われている。

⑵　活動

設立以来ユニセフは，世界約190の国と地域で，「子どもの権利条約」（本章2.1参照）および「女性差別撤廃条約」（本章2.2参照）に従って，他の国際機関や各国政府，NGOなどと協力しながら活動している。

その活動の柱となるのは，4年ごとに策定される「ユニセフ戦略計画」（UNICEF Strategic Plan）であり，「戦略計画2018-2021」では，持続可能な開発目標（SDGs）（第5章1.2参照）の達成をめざすとともに，2021年までに達成すべき五つの目標分野と分野横断的な優先課題（ジェンダーの平等，人道支援）が示されている。

―子どもの生存と成長。すべての子どもが命を守られ健全に成長できる。
―教育。すべての子どもが，教育を受けられる。
―子どもの保護。すべての子どもが，暴力や搾取から守られる。
―水と衛生。すべての子どもが，安全で衛生的な環境で暮らす。
―公平な機会。すべての子どもが，人生において公平な機会を得る。

ユニセフと日本
　日本は，1949年〜1964年まで15年間にわたって，学校給食用の粉ミルクや医薬品など，当時のお金で65億円にのぼる支援を受けた。2011年3月，東日本大震災が発生し，ユニセフは約半世紀ぶりに日本への支援を行うことを決定し，緊急・復興支援活動を行った。

女性性器切除（Female Genital Mutilation. FGM）の現状
　アフリカ，中近東，アジアの一部で，女性の身体の清浄と節操の証しとして少女に対して1000年以上前から行われてきた慣習。2012年12月，国連総会は，国連加盟国に対してFGM禁止の法制化を強く求めた。ユニセフによれば，世界のFGM実施率は30年前に比べ低下しているが，現在少なくとも2億人の女子と女性が31カ国でFGMを受けており，2030年までには6,800万人の女子がFMGを受ける危険がある。FGMが法律で禁止されあるいは事実上廃止されている国などがある一方で，FGMが継続されている国なども存在している。（ユニセフHPほか）

2　子どもと女性の権利保護のための法制度

1　子どもの権利条約と選択議定書

⑴　子どもの権利条約

「児童の権利条約」（子どもの権利条約）[1]は，1959年採択の国連「児童の権利

宣言」（子どもの権利宣言）の理念に基づきながら，79年の「国際児童年」を契機として，国連人権委員会のもとに設置された作業部会によって起草が進められ，89年の国連総会で採択され，翌90年に発効した。人権条約としては最も締約国が多い条約となっている。批准をしていない国は，アメリカ（95年2月署名）のみである。

「子どもの権利条約」は，子どもを大人が保護する対象としてのみとらえるのではなく，権利を享受し行使する主体としてより積極的にとらえる子ども観を打ちだした。締約国は，国連「世界人権宣言」[2]（1948年），「児童の権利に関する宣言」[3]（1959年），「自由権規約」[4]（1966年）24条などを受けて詳細に規定された18歳未満のすべての子どもの権利を保障する義務を負う。

また，「子どもの権利条約」のもとで，10人の専門家からなる委員会（Committee on the Rights of the Child. CRC）が設置され，条約遵守状況に関する締約国の報告を検討し，2年ごとに総会に提出する仕組みが設けられている。

⑵　武力紛争における児童の関与に関する児童の権利条約選択議定書

「武力紛争における児童の関与に関する児童の権利条約選択議定書」[5]は，武力紛争における関与から子どもをいっそう保護するため，18歳未満の自国の軍隊の構成員が敵対行為に直接参加しないこと，自国の軍隊に志願する者の採用についての最低年齢を引き上げることなどについて定める。2000年の第54回国連総会において採択され，02年に発効した。

日本は2004年の批准に際して，「自衛隊法施行規則」および「自衛隊生徒の任用等に関する訓令」について所要の改正を行った。

⑶　児童の売買等に関する児童の権利条約選択議定書

「児童の売買等に関する児童の権利条約選択議定書」[6]は，性的搾取などからの子ども保護など，子どもの権利条約で定められている子どもの権利を守るために，2000年，第54回国連総会において採択され，02年に発効した。とくに子

---

1)　第5章注16参照。
2)　第5章注24参照。
3)　Declaration of the Rights of the Child. General Assembly Resolution 1386（XIV）of 20 November 1959.
4)　第5章注7参照。
5)　第5章注17参照。
6)　第5章注18参照。

どもの売買，児童買春および児童ポルノに関わる一定の行為の犯罪化，裁判権の設定，犯罪人引渡し，国際協力などについて定めている。

日本は，議定書の批准に際して，議定書担保の必要性および国内の犯罪情勢を踏まえて，「児童福祉法」および「児童買春・児童ポルノ禁止法」[7]を改正した。

(4) 通報手続に関する児童の権利条約選択議定書

「通報手続に関する児童の権利条約選択議定書」[8]は，子どもの権利侵害に対する国際的な通報制度を規定するものであり，2011年の国連総会で採択され，14年に発効した。20年11月現在，署名国は52カ国，締約国は46カ国である。日本は批准していない。

議定書を批准した国では，権利を侵害された子どもは，国内救済手続を尽くしても権利が回復されなかった場合，国連子どもの権利委員会に救済の申立を行うことができる。

2　女子差別撤廃条約と選択議定書

(1) 女子差別撤廃条約

国連人権委員会と「婦人の地位委員会」(Commission on the Status of Women) は，男女平等を実現するために，「社会権規約」[9]，「自由権規約」[10]および「婦人の参政権に関する条約」[11]などを策定してきた。しかし，このような努力にもかかわらず，女性に対する差別がいぜんとして広範に存在していることから，1967年の第22回国連総会において，「女子に対する差別の撤廃に関する宣言」[12]が採択された。その後，79年の第34回国連総会において「女子差別撤廃条約」[13]が採択され，81年9月に発効した。

日本は，批准に際して，従来の父系血統優先主義から父母両系主義への「国籍法」の改正や「男女雇用機会均等法」の制定などを行い，批准後も，「男女

7) 児童買春，児童ポルノに係る行為等の処罰及び児童の保護等に関する法律。
8) 第5章注19参照。
9) 第5章注10参照。
10) 第5章注7参照。
11) Convention on the Political Rights of Women.
12) Declaration on the Elimination of Discrimination against Women. General Assembly Resolution 2263 (XXII) of 7 November 1967.
13) 第5章注12参照。

共同参画社会基本法」の制定や「男女雇用機会均等法」の改正などを行った。

(2)　**女子差別撤廃条約選択議定書**

　1999年，第54回国連総会は，個人通報制度および調査制度を定める「女子差別撤廃条約選択議定書」[14]を採択し，2000年に発効した。これにより，自国内の裁判や行政的措置によって救済されなかった個人や集団は，女子差別撤廃委員会に直接通報して，審査を求めることができる（個人通報制度）。また，同委員会は，権利侵害に関して，その国の訪問も含めて調査をすることができる（調査制度）。日本は，憲法で保障された司法の独立を妨げるとして批准していない。

3　国際的な子の連れ去りに関するハーグ条約

　近年，人の移動や国際結婚が増加している一方で，不和となった両親の子が一方の親によって海外に連れ去られてしまう「子の連れ去り」が，深刻な国際問題として注目されるようになってきた。国境を越えた子の連れ去りは，それまでの生活基盤が突然急変するほか，一方の親や親族・友人との交流が断絶され，また，異なる言語文化環境へも適応しなくてはならないなど，子どもに有害な影響を与える可能性がある。「ハーグ国際私法会議」（Hague Conference on Private International Law. HCCH）が1980年に作成し，83年に発効したハーグ条約[15]は，そのような悪影響から子どもを守る

ハーグ国際私法会議（日本政府の公文書では「ヘーグ国際私法会議」）
　国際私法の統一を目的としてハーグ（オランダ）で開催される国際会議とそれを運営する国際機関。最初はヨーロッパ諸国を中心とするものであったが，徐々に加盟国が増加し，また非加盟国でもこの会議で作成された条約に加入するようになり，国際的立法機関の役割を果たしている。ハーグ国際私法会議は，個別問題ごとに条約を作成し，これまで多くの条約を採択している。日本は，民事訴訟手続に関する条約（1954年），子に対する扶養義務の準拠法に関する条約（1956年），遺言の方式に関する法律の抵触に関する条約（1961年），外国公文書の認証を不要とする条約（1961年），送達条約（1965年），扶養義務の準拠法に関する条約（1973年）などを批准している。

ために，原則として元の居住国に子を迅速に返還するための国際協力の仕組みや国境を越えた親子の面会交流の実現のための協力について定めている。日本では，「国際的な子の奪取の民事上の側面に関する条約の実施に関する法律」（ハーグ条約実施法）が2013年に公布され，ハーグ条約は14年に日本について発効した。20年には，子の返還の強制執行手続の実効性をいっそう確保するため

---

14)　第5章注13参照。

15)　Convention on the Civil Aspects of International Child Abduction. 国際的な子の奪取の民事上の側面に関する条約。

に，ハーグ条約実施法が改正された。

3　保健医療

1　世界の保健医療の現状

　ミレニアム開発目標（MDGs）の進捗にもかかわらず，いぜんとして多くの子どもが，はしかや結核など予防可能な病気で死亡している。妊娠と出産によって生じる合併症で死亡する女性の数も多く，開発途上地域の農村部では，医療専門家の付き添いのある出産件数の割合が低い。サハラ以南アフリカでは，HIV／エイズが思春期の若者世代で最大の死因となっている。このような状況のなかで，国連は，SDGs（第5章1.2参照）のなかで，保健医療に関連する目標を掲げ，ユニバーサル・ヘルス・カバレッジ（Universal health coverage. UHC）に取り組むこととなった。

2　三大感染症

(1)　感染症とは

　感染症とは，接触によって，また，空気，動物，虫，食べ物などを介してウイルスや細菌，寄生虫などの病原体が体内に入って増殖し，せき，発熱，下痢などの症状が出て，最悪の場合には死に至る病気のことをいう。感染者が集中するのは，貧困，紛争，環境破壊などの諸問題をかかえた開発途上国であり，感染者や死亡者がふえることによる労働力の低下，経済活動の低迷，貧困の増大という悪循環を引き起こしている。また，感染症の蔓延は孤児の発生，感染者の人権問題といった社会問題へも発展している。HIV／エイズ，結核，マラリアおよび麻疹などの主要な疾病は，世界じゅう，とくに開発途上国において，経済と社会に多大な損害をもたらし続けている。グローバル化の進んだ現代においては，新型コロナウイルス感染

> ユニバーサル・ヘルス・カバレッジ（UHC）
> 　誰もがどこからでも経済的困難を経験することなく医療サービスを利用できること。すべての国連加盟国が，SDGs の一環として，2030年までに UHC の実現達成を努力目標とすることに合意した。UHC には，健康の増進から，予防・治療・リハビリ・緩和ケアまで，不可欠で質の高い医療サービスの全範囲が含まれている。WHO は，各国における普及レベルと公平性を測る指標として，4カテゴリー16項目の医療サービスを使用している。
> ―性と生殖（Reproductive. リプロダクティブ），母体，新生児および子どもに関する健康
> ―感染症
> ―非感染性疾患
> ―サービスの対応能力とアクセス（WHO HP ほか）

---

15)　Convention on the Civil Aspects of International Child Abduction. 国際的な子の奪取の民事上の側面に関する条約。

症の世界的大流行（COVID-19パンデミック）に見られるように，感染症は，瞬く間に世界じゅうに広がり，ヒトへの流行の可能性と相まって，地球的規模で対応すべき課題となっている。

(2)　HIV／エイズ

「エイズ」（Acquired Immunodeficiency Syndrome. AIDS. 後天性免疫不全症候群）とは，人体の免疫系を破壊するヒト免疫不全ウイルス（HIV）に感染して免疫不全におちいることにより，通常ならば問題のない弱い病原体までもが体内で活発に活動し，健康を保持できなくなった状態をいう。有効な治療法を施さなければ2年から20年で発症し，死に至る。国連合同エイズ計画（Joint United Nations Programme on HIV/AIDS. UNAIDS）（本節3(1)参照）「ファクトシート2020」（*FACT SHEET–WORLD AIDS DAY 2020*）によれば，1981年に最初のエイズ症例が報告されて以来，延べ約7,570万人がHIVに感染し，3,270万人以上が死亡したとみられている。「厚生労働省エイズ動向委員会」のエイズ発生動向年報によると，日本では，1985年から2019年までの累積報告数（凝固因子製剤による感染例を除く）はHIV感染者21,739人，エイズ患者9,646人となっている。HIV感染者とエイズ患者を合わせた年間新規報告数は，13年の1,590人をピークとしてともに減少傾向となっている。

(3)　結核

結核とは，結核菌に感染することで起こる感染症で，日本では昭和初期まで死因の第1位で国民病といわれていた。せき・たん・微熱などの症状が見られ，適切な治療が施されないと2年から5年以内に死に至る。世界保健機関（World Health Organization. WHO）『グローバル結核対策2020』（*Global Tuberculosis Control 2020*）によれば，結核は世界の死因の上位10位に入り，2019年には，推定で1,000万人が発症し，140万人が死亡している。安価な治療法の存在する結核は，世界の人口の約4分の1が感染する貧困の病気でもある。さらに，HIV感染者が結核菌に感染すると，HIV非感染者よりも数倍致死率が高いとの結果が出ており，結核対策とHIV／エイズ対策を同時に行うことが重要となっている。

(4)　マラリア

マラリアとはハマダラ蚊などの蚊を介してマラリア原虫が人に注入されて感

染する感染症で，高熱や下痢などが主な症状であるが，熱帯性マラリア（悪性マラリア）に感染し，適切な治療法が早期に施されないと死に至ることがある。WHO『世界マラリア報告2020』(*World Malaria Report 2020*) によれば，マラリア対策は，とくにアフリカで停滞し，2019年には，世界の推定症例数は2億2,900万人で，過去4年間実質的に変化がなく，約40.9万人が死亡している。

3　国際社会の取組み

(1)　プロローグ

感染症対策のための国際協力は，WHO や UNAIDS が従来から推進している。WHO は，1946年，ニューヨークで開かれた国際保健会議 (International Health Conference) が採択した「WHO 憲章」[16]に基づいて，1948年に設立された。保健衛生分野における国連専門機関である。UNAIDS は，HIV／エイズ対策活動の重複を廃し，包括的・効率的にエイズ対策を実施するため，1994年7月の国連経済社会理事会において設置が承認され，96年1月に発足し，WHO が行ってきたエイズに関する啓発活動などを継承した。

(2)　国際エイズ会議

1985年，初の国際エイズ会議 (International AIDS Conference) が，アトランタ（アメリカ）で開催された。この会議は，医学，生物学だけでなく，社会，経済，教育，心理，倫理および法律のさまざま分野から，研究者ばかりでなく行政・NGO・患者代表・メーカーなど，エイズに関係する世界各国のあらゆる立場の人びとが一同に会して最新情報を交換し，国際的にエイズへの取組みを進めるための基盤をつくる場として，85年の第1回会議から毎年開催され，94年の第10回横浜会議から後は隔年開催となった。

世界規模の国際エイズ会議のほか，アジア・太平洋地域では，アジア・太平洋地域エイズ国際会議 (International Congress on AIDS in Asia and the Pacific. ICAAP) が，1990年以降，国際エイズ会議と交互に隔年開催されている。

(3)　国連エイズ特別総会

2001年6月，エイズの流行が保健分野だけでなく開発や安全保障に重大な影響をおよぼす危機であるとの認識のもと，国連エイズ特別総会 (United Nations Special Session on HIV/AIDS) が開催された。この総会では，エイズ対策が世界

---

16)　Constitution of the World Health Organization. 世界保健機関憲章。

の最重要課題のひとつであることを確認し，さらに，これに地球規模で取り組むための具体的指針となる「HIV／エイズに関する誓約宣言」[17]を全会一致で採択した。

この宣言は，「国連，政府，市民社会，経済界，企業のリーダーシップと共同参加」の必要性を強調したうえで，「感染者のケア・支援・治療」など11領域において，各国がそれぞれ2003年までに対策を立て，05年までにその成果を示すように求め

医薬品へのアクセス

医薬品の生産能力がないか不十分な国（主に後発開発途上国）は，エイズ・結核・マラリアなどの感染症に対処するためには，医薬品の輸入に頼らざるをえない。他方，医薬品の生産能力を有する国は，自国で特許が付与された医薬品をこれらの国へ輸出するために，強制実施許諾（特許権者の許諾を得ることなく製品を市場に流通させること）を与えることは，TRIPS協定に抵触するおそれがあった。感染症に対する社会的関心の高さなどから，2001年のWTOドーハ閣僚会議において「TRIPS協定と公衆の健康に関する宣言（ドーハ宣言）」が採択され，03年8月にWTO一般理事会は，強制実施権発動にあたっての「主として国内市場への供給のため」とする条件の一時的な免除を認めた（理事会決定）。これによって，医薬品の生産能力がないか不十分な加盟国への輸出を目的として，強制実施権を発動することが可能となった。この決定はTRIPS協定の改正まで効力を有することとされ，05年12月にはTRIPS協定改正議定書が採択され，17年1月に発効した（WTOについて第10章参照）。

ている。エイズ対策で最も重要な予防については，若者（15〜24歳）のHIV感染率を，感染率の高いアフリカなどの国では05年までに，世界全体では10年までに25パーセント下げることを目標として掲げている。また，宣言は，開発途上国での予防と治療を促進するグローバルなHIV／エイズ・保健基金（global HIV/AIDS and health fund）を設立することを求め，2002年に「世界エイズ・結核・マラリア対策基金」（Global Fund to Fight AIDS, Tuberculosis and Malaria）という名称で正式に発足した。

2006年には，国連エイズ特別総会ハイレベル・レビュー会議において，「HIV／エイズに関する政治宣言」[18]が採択された。その後開催された国連HIV／エイズ・ハイレベル会合では，11年には2015年までに達成する目標に向けて具体的な措置を講じる「HIV及びエイズに関する政治宣言」[19]が，16年には2030年までの決意を表明する「HIV及びエイズに関する政治宣言」[20]が採択された。

17) Declaration of Commitment on HIV/AIDS "Global Crisis - Global Action". General Assembly Resolution S-26/2 of 27 June 2001. HIV／AIDSに関する誓約宣言「グローバルな危機—グローバルな行動」。

18) Political Declaration on HIV/AIDS. General Assembly Resolution 60/262 of 2 June 2006.

19) Political Declaration on HIV and AIDS: Intensifying Our Efforts to Eliminate HIV and AIDS. General Assembly Resolution 65/277 of 10 June 2011. HIV及びエイズに関する政治宣言：HIV及びエイズの排除に向けた取組みの強化。

96

4　教育

1　教育を受ける権利

社会権規約[21]は，すべての者に対して教育の権利を認め，教育は，「人格の完成および人格の尊厳についての意識の十分な発達を指向し，人権および基本的自由の尊重を強化」するとしている。SDGs（第5章1.2参照）は，2030年までに，すべての男女が無償で初等・中等教育を修了するという目標を掲げた。

2　女子教育

国連『持続可能な目標報告2020』（*The Sustainable Development Goals Report 2020*）によると，小学校・中学校に通えない子どもの割合は，2000年の26％から2010年に19％に減少した。2018年には17％にまで減少したが，いぜんとして2億5,800万人の子どもが，学校に通うことができず，そのうちの4分の3がサハラ以南アフリカと南アジアに住んでいる。初等教育就学年齢にある子どもでは，女子は男子よりも多くの障壁に直面し，学校に通えない女子は，18年で男子に比べて約550万人多く，とくにサハラ以南アフリカで顕著となっている。

パキスタンの少女
　2012年10月，女性が学校に通うのを禁じ，学校を破壊している反政府武装勢力「パキスタン・タリバーン運動」（TTP）を批判し，女子教育の権利を訴えるマララ・ユスフザイ（Malala Yousafzai，当時15）が銃撃され，瀕死の重傷を負った。イギリスで手術を受けたマララは，13年2月に退院し，現在はイギリスで家族と暮らしている。13年7月，マララはニューヨークの国連本部で演説し，「教育こそがすべてを解決する」として，すべての子どもが教育を受ける権利を得られるように訴えた。14年，マララはその活動に対して，インドのカイラシュ・サティヤルティ（Kailash Satyarthi）とともに，ノーベル平和賞を受賞した。（『日本経済新聞』（電子版）2014年10月10日ほか）

　学校に通っていない女子が多い原因のひとつとして，女性は早く結婚して家のことをするものだとか，家事をする女性に学校の勉強は役に立たないという考え方など，男女の役割を分ける伝統的な習慣や男女差別がある。また，貧しさも大きな原因である。兄弟姉妹すべてを学校に通わせるお金がなければ，男子が優先され，女子は家族の生活のために働きに出されたりする。

　しかし，所得の低い国では，女性の教育ほど乳幼児と妊産婦の死亡率を軽減

---

20)　Political Declaration on HIV and AIDS: On the Fast-Track to Accelerate the Fight against HIV and to End the AIDS Epidemic by 2030. General Assembly Resolution 70/266 of 8 June 2016. HIV及びエイズに関する政治宣言：2030年までのエイズ流行終息及びHIV対策の強化。

21)　第5章注10参照。

させるために重要なことはない。さらに，女性の教育は熟練した労働力や経済
の強化にも役立つものである。例えば，東南アジアなど長期間にわたって女子
教育に力を入れてきた地域では，経済が発展し，国内総生産が向上することが
わかっている。女性の家庭内での地位や社会的地位が向上し，積極的に社会に
参加できるようになると，男女格差や貧困問題，また食料危機や温暖化など気
候変動によるさまざまな弊害を解決する大きな力となりえる。

3　国際社会の取組み

⑴　「万人のための教育」

1990年，ジョムティエン（タイ）において，国際連合教育科学文化機関
(United Nations Educational, Scientific and Cultural Organization. UNESCO. ユネスコ)，
ユニセフ，世界銀行，国連開発計画（UNDP）は，「万人のための教育世界会
議」(World Conference on Education for All. ジョムティエン会議) を開催し，「万人
のための教育」(Education for All. EFA) を掲げた。ユネスコは，他の国際機関，
各国政府機関，NGO などと協力しながら，世界中のすべての人たちが初等教
育を受けられ，字が読めるようになる（識字）環境の整備に取り組んだ。

1990年代，EFA に向けた取組みは一定の成果
を挙げたものの，いまだに学校に通うことのでき
ない子どもや，日常的な読み書きや計算が十分に
できない成人も多く存在していた。そこで，2000
年，ダカール（セネガル）で開催された「世界教
育フォーラム」(World Education Forum. ダカール会
議) において，「ダカール行動枠組み」[22]が採択され，そのなかで新たに六つの
「EFA ダカール目標」が掲げられた。

> **EFA ダカール目標（2015年までの達成をめざす）**
> ⑴就学前教育の拡大と改善
> ⑵無償で良質な初等教育をすべての子どもに保障
> ⑶青年・成人の学習ニーズの充足
> ⑷成人識字率（とくに女性）を50パーセント改善
> ⑸教育における男女平等の達成
> ⑹教育のあらゆる側面での質の改善

⑵　国連の取組みとミレニアム開発目標

「EFA ダカール目標」に掲げられた「初等教育の完全普及の達成」と「ジェ
ンダー平等推進と女性の地位向上（教育における男女間格差の解消）」の二つの目
標は，ミレニアム開発目標（MDGs）に盛り込まれた。2001年の G 8 ジェノ
バ・サミットを受けて結成された G 8 教育タスク・フォースの提言を受けて，
02年に「ファスト・トラック・イニシアティブ」(Education for All‐Fast Track

---

22)　Dakar Framework for Action.

Initiative）が，世界銀行の主導で先進国と開発途上国の間の国際的なパートナーシップとして設立された。現在は，「教育のためのグローバル・パートナーシップ」（Global Partnership for Education. GPE）として，国レベルにおける二国間援助のほか，日本を含めた各国が拠出した多数国間信託基金である GPE 基金（Global Partnership for Education Fund. GPE Fund）を通じた支援など，教育分野における国際協力を行っている。また，2000年のダカール会議でのユニセフの提唱を受けて，「国連女子教育イニシアティブ」（United Nations Girls' Education Initiative. UNGEI）が始動し，「すべての女子と男子が良質な教育によって，自己の完全な潜在能力を実現し，かつ，ジェンダー平等が現実のものとなる社会の変化に貢献することを可能にさせる世界」をめざして，活動している。

(3) 持続可能な開発目標と教育2030行動枠組み

EFA ダカール目標の達成期限となる2015年5月，仁川（韓国）において，ユネスコを中心とする国連機関などによって「世界教育フォーラム2015」（World Education Forum 2015）が開催され，15年11月までに最終決定される枠組みのなかで2030年までのすべての人のための教育への取組みを約束する「仁川宣言」[23] が採択された。仁川宣言では，無償の義務教育や男女平等に加えて，高等教育や技術・職業教育などへのアクセスのほか，持続可能な開発のための教育（Education for Sustainable Development. ESD）を通じた質の高い教育の必要性が強調された。15年9月に国連持続可能な開発サミットで採択された「持続可能な開発のための2030アジェンダ」の中核である SDGs において，教育分野の目標4が明記された。

2015年11月，ユネスコ総会にあわせてパリ（フランス）で開催された特別ハイレベル会合（Special High-level Meeting on the Education 2030）において，ダカール行動枠組みの後継となる「教育2030行動枠組み」[24] が採択された。これにより，国際社会は，SDGs の目標4の達成に向けて2030年教育行動枠組みに基づいて取組みを進めていくことになった。

---

23) Incheon Declaration.
24) Education 2030 Framework for Action.

第9章　21世紀の国際社会⑸——国際犯罪・薬物と法

1　国際犯罪

1　国際犯罪の意義

「国際」という言葉のとらえ方，犯罪の態様などによって国際犯罪の意義は次のようにさまざまである。

⑴　外国性をもつ犯罪

窃盗や殺人など，各国が規定している国内法（刑法）上の犯罪ではあるが，犯人の国籍，犯罪の行為地・発生地，被害者の居住地など複数の要素が複数の国に関係していたり，または犯人が犯行後に外国へ逃亡したりしているため，複数の国家の刑法と刑事管轄権に触れるものを国際犯罪ということがある。この場合，各国の刑法上の犯罪であるから，それらの国家が独自に取締りや処罰を行い，必要に応じて，国際刑事警察機構（International Criminal Police Organization. ICPO. INTERPOL. インターポール）ルート・外交ルート・「刑事共助条約」[1]を活用して，外国捜査機関に対して捜査協力の要請（捜査共助）や，「犯罪人引渡条約」[2]などに基づく被疑者の引渡しなどの国際協力が行われる。

⑵　国際法違反の犯罪

個人の刑事責任が各国の刑法の規定によらず，国際法に基づき直接成立し，国際的手続で処罰の行われる犯罪を国際犯罪ということがある。第二

インターポール（ICPO）

　各国の警察機関を構成員とする国際機関，国際犯罪に関する情報の収集と交換，犯罪対策のための国際会議の開催や国際手配書の発行などを行う。2020年3月末現在で194カ国・地域が加盟している。ICPOは，加盟国・地域間の情報交換を迅速かつ確実に行えるようにするため，独自の通信網を整備して盗難車両，紛失・盗難旅券，国外逃亡被疑者などに関するデータベースを運用しており，全加盟国・地域がこの通信網を通じて，直接検索を行うことができる。

---

1)　Mutual legal assistance treaty.
2)　Extradition treaty.

次大戦後，連合国が設けた国際軍事裁判所（ニュルンベルク）・極東国際軍事裁判所（東京）において，ドイツや日本の戦争指導者が責任を問われた平和に対する罪としての侵略戦争，人道に対する罪としてのジェノサイドなどがこれにあたる。これらの犯罪の処罰は，国際社会の名で，国際刑事裁判所などの国際機関が行う（第5章3.2参照）。

（3）諸国の共通利益を害する犯罪

刑事共助条約と犯罪人引渡条約

　国際犯罪の捜査を行うにあたり，外国における証拠の取得，見分，所在地の特定などの捜査共助を当該国に要請することが必要となる場合がある。外国との捜査共助については，刑事共助条約を締結していない場合，国際礼譲に基づいて行われることとなり，必ずしも要請した捜査共助が実施されるとは限らない。また，捜査共助要請の発受が外交ルートを通じて行われるために，迅速な回答を得ることが困難である。刑事共助条約を締結することで，捜査共助の実施が条約上の義務となり，捜査共助のいっそう確実な実施が期待できる。また，条約が指定する中央当局間で捜査共助の実施のための連絡を直接行うことが可能となり，手続の効率化・迅速化が図られる。

　日本は，アメリカ，韓国，中国，香港，欧州連合（EU）およびロシアとの間で刑事共助条約を締結している。また，国内で犯罪を犯し国外に逃亡した犯罪人などを確実に追跡・逮捕するため，日本は，アメリカおよび韓国との間で，一定の場合を除き犯罪人の引渡しを相互に義務づける犯罪人引渡条約を締結している。

　海賊行為，奴隷売買，麻薬取引のように，多数の諸国または人類が共通の利害関係をもつ特定の法益を害するもので，国際法上，特殊な効果をもつ犯罪を国際犯罪ということがある。これらの犯罪の処罰そのものは，国際社会の機関ではなく，それぞれの国家が国内法を適用して行い，犯罪者所在国に引渡しまたは訴追・処罰の選択義務が課せられることもある。

　また，国際犯罪は，主体によって，個人の国際犯罪と国家の国際犯罪とに分けられる。上記(1)から(3)は個人による国際犯罪に該当する。国家が重要な国際法益を侵害したときには，国家の国際犯罪が成立すると主張されている。

（4）国家の国際犯罪

　国際社会の基本的利益の保護のため必要不可欠な国際的義務の国家による違反行為である。国連国際法委員会（International Law Commission. ILC）が作成した旧「国家責任に関する条文草案」[3]では，侵略，植民地支配，奴隷制・ジェノサイド・アパルトヘイト，大量環境汚染を，通常の国際法違反（国際不法行為）とは異なる「国際犯罪」の例として挙げていたが（第1部19条2，3），国家の国際犯罪概念自体について反対論が強く，新草案では削除された。

2　国際刑事法

　国際刑事法（International criminal law）とは，国際テロリズムや武器の密輸な

3）　Draft Articles on State Responsibility.（*International Law Commission Report, 1996.* Chapter III State Responsibility）.

ど国際社会の法益を侵害する反国際社会的とされる犯罪について，締約国の訴追，処罰の義務，刑事管轄権の設定，犯罪人引渡しの義務などを定めている法のことである。従来，国際犯罪の規制については，国内刑法が取り扱い，犯罪容疑者が管轄権のない他国に逃亡したときは，国際司法協力によって引渡しを求めていた。しかし，犯罪人引渡しは，引き渡される犯罪に対する国による相違，犯罪人引渡条約の不存在，相互主義の制約などがあり円滑に運ばず，国際犯罪の処罰は十分に実効が上がらなかった（とくに前出 **1.1(1)** の犯罪）。

　今日では，国際犯罪が複雑かつ多様になり，国際社会の法益に甚大な影響を与えるようになってきたことから，その対応のために，国際的に保護される者（外交官を含む）に対する犯罪の防止および処罰に関する条約，人質をとる行為に関する国際条約，航空機不法奪取の防止に関する条約などによって，防止しようとしている。とくに，2001年9月のアメリカ同時多発テロ事件発生以降は，テロ防止関連条約の作成・改正が積極的に行われている（第 **3** 章 **4.2** 参照）。

　これらの条約は，一定の個人行為について，国内法上で犯罪とされるかどうかに関わりなく，処罰すべき国際犯罪として締約国の訴追，処罰の義務，刑事管轄権の設定，犯罪人引渡しの義務などを定めている。国家は，一方で個人の人権を国際的に保障する義務を負うとともに，他方で，国際刑事法を遵守し，国際犯罪を処罰する国際的義務を負うようになった。

3　国際犯罪に対する国際社会の取組み

(1)　犯罪のグローバル化

　近年，グローバル化の進展に伴い，犯罪組織の構成員の多国籍化，犯行場所の世界的展開などの「犯罪のグローバル化」が見られるようになっている。国際組織犯罪の主な例とし

日本における「犯罪のグローバル化」

［事例1］　ナイジェリア人の男（39）らは，2006年頃から約3年間にわたって，海外に本拠を置くナイジェリア人犯罪組織から生カードやカードデータを入手し，クレジットカードを偽造したうえで，偽造カードを用いて家電量販店などで電化製品などを大量にだまし取り，これを古物商などで換金していた。09年5月までに，ナイジェリア人10人，カナダ人1人および日本人1人の計12人が，支払用カード電磁的記録不正作出・同供用罪，詐欺罪などで逮捕された。

［事例2］　2008年9月，商談名目で誘われて南アフリカを訪れた日本人の男性会社員（57）が，現地において誘拐された。身の代金を要求する電子メールがアメリカ西海岸から発信され，会社員の勤務する東京都内の会社宛に届いた。南アフリカ警察は，事件発生から2日後にヨハネスブルグ（南アフリカ）郊外の住宅で，会社員を無事救出するとともに，ナイジェリア人6人と南アフリカ人1人の計7人を逮捕した。

［事例3］　カメルーン人らで構成される窃盗グループにより敢行された窃盗事件の捜査を端緒として，スリランカ人の男（33）らが，日本人の男を所有者などの名義とする虚偽の自動車移転登録申請書などを自動車検査登録事務所に提出した上，正規に自動車を購入できないベトナム人の不法残留者らに当該自動車を販売していたことが判明した。2015年11月までに，スリランカ人3人と日本人1人を電磁的公正証書原本不実記録・同供用罪で，ベトナム人2人を出入国管理及び難民認定法違反で逮捕した。

（警察庁『警察白書』各年版）

ては，薬物や銃器の不正取引，不法移民，人身取引，マネー・ロンダリングなどの金融犯罪や腐敗（第13章参照），詐欺・横領や反競争的行為・租税回避行為などの経済犯罪や企業犯罪（第12章参照）などが挙げられる。また，近年の特徴として，これらの犯罪に情報通信技術（Information Technology. IT. 情報技術）が駆使され，その手口が悪質・巧妙化していることが挙げられる。

(2) 国連における取組み

国連では，国際的な組織犯罪の防止に関する包括的な条約および不法移民，人の密輸，銃器など組織的な犯罪集団により行われる典型的な犯罪行為に対処するために，法的文書

サイバー犯罪に関する条約（Convention on Cybercrime. サイバー犯罪条約）

インターネットやコンピュータなどの IT 技術を悪用したサイバー犯罪に関する初の国際条約で，2001年に採択され，04年に発効した。日本については，01年の署名，04年の国会承認を経て，12年に発効した。この条約は，サイバー犯罪から社会を保護することを目的として，コンピュータ・システムに対する違法なアクセスなど一定の行為の犯罪化，コンピュータ・データの迅速な保全などに関する刑事手続の整備，犯罪人引渡しなどに関する国際協力などについて規定している。

欧州評議会（Council of Europe. CoE）

ヨーロッパ統合の理想を経済・社会・文化・科学・法律・行政の領域で達成し，人権・基本的自由を維持しいっそう実現することを目的として，1949年に発足した国際組織で，ストラスブール（フランス）に事務局を置く。2020年現在，加盟国47カ国（EU 全加盟国，旧東側諸国，トルコ），オブザーバー５カ国（日本，アメリカ，カナダ，メキシコ，教皇庁）で構成される。CoE は，国防問題を除いて加盟国に共通のあらゆる問題を審議し，特定の事項に関する条約の提案や加盟国に共通の政策の勧告などを行う。伝統的に人権，民主主義，法の支配の分野で活動してきたが，最近では，薬物乱用，サイバー犯罪（前出コラムの「サイバー犯罪条約」の作成），人身取引，テロ，偽造医薬品対策，女性に対する暴力などの問題にも対応している。なお，CoE と欧州連合（EU）とは，加盟国も組織の目的も異なる別の国際組織であるが，同じ基本的な価値（人権，民主主義，法の支配）を共有し，密接な協力関係にある。

の起草が進められ，「国際組織犯罪防止条約」[4]およびこれを補足する「人身取引議定書」[5]，「密入国議定書」[6]，「銃器議定書」[7]の三つの議定書が，銃器議定書を除いて，2000年11月に国連総会で採択された。国際組織犯罪防止条約は03

---

4) United Nations Convention against Transnational Organized Crime. 国際的な組織犯罪の防止に関する国際連合条約。

5) Protocol to Prevent, Suppress and Punish Trafficking in Persons, Especially Women and Children, supplementing the United Nations Convention against Transnational Organized Crime. 国際的な組織犯罪の防止に関する国際連合条約を補足する人（特に女性及び児童）の取引を防止し，抑止し及び処罰するための議定書。

6) Protocol against the Smuggling of Migrants by Land, Sea and Air, supplementing the United Nations Convention against Transnational Organized Crime. 国際的な組織犯罪の防止に関する国際連合条約を補足する陸路，海路及び空路により移民を密入国させることの防止に関する議定書。

7) Protocol against the Illicit Manufacturing of and Trafficking in Firearms, Their Parts and Components and Ammunition, supplementing the United Nations Convention against Transnational Organized Crime. 国際的な組織犯罪の防止に関する国際連合条約を補足する銃器並びにその部品及び構成部分並びに弾薬の不正な製造及び取引の防止に関する議定書。

図9-1　国際組織犯罪防止条約と三つの議定書

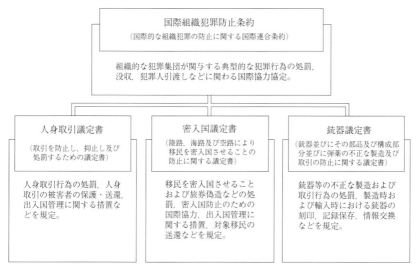

国際組織犯罪防止条約
（国際的な組織犯罪の防止に関する国際連合条約）

組織的な犯罪集団が関与する典型的な犯罪行為の処罰，
没収，犯罪人引渡しなどに関わる国際協力協定。

人身取引議定書

（取引を防止し，抑止し及び
処罰するための議定書）

人身取引行為の処罰，人身
取引の被害者の保護・送還，
出入国管理に関する措置な
どを規定。

密入国議定書

（陸路，海路及び空路により
移民を密入国させることの
防止に関する議定書）

移民を密入国させること
および旅券偽造などの処
罰，密入国防止のための
国際協力，出入国管理に
関する措置，対象移民の
送還などを規定。

銃器議定書

（銃器並びにその部品及び構成部
分並びに弾薬の不正な製造及び
取引の防止に関する議定書）

銃器等の不正な製造および
取引行為の処罰，製造時お
よび輸入時における銃器の
刻印，記録保存，情報交換
などを規定。

出所：外務省『外交青書，2004』より作成。

年9月，人身取引議定書は同年12月，密入国議定書は04年1月に，各々発効し
た。また，銃器議定書については，01年5月に国連総会で採択され，05年7月
に発効した（図9-1）。20年11月現在，締約国は，国際組織犯罪防止条約が190
カ国・地域，人身取引議定書が178カ国・地域，密入国議定書が149カ国・地域，
銃器議定書が119カ国・地域となっている。また，国連では，08年に，コミッ
ション（次頁参照）が，人身取引に関する決議を採択したのに続いて，国連総
会が，10年7月に「人身取引世界行動計画に関する決議」[8]，同年12月に「女
性および少女の人身取引に関する決議」[9]を，各々採択した。

　日本は，国際組織犯罪防止条約については2000年12月に，三つの議定書につ
いては02年12月に，各々署名した。その後国会は，03年に国際組織犯罪防止条
約，05年に人身取引議定書および密入国議定書の締結について，それぞれ承認
し，05年6月には刑法などが，17年6月には組織的犯罪処罰法などが，それぞ
れ改正されて，国際組織犯罪防止条約などの国内担保法が整備された。これに

---

8)　United Nations Global Plan of Action to Combat Trafficking in Persons. General Assembly
Resolution 64/293 of 30 July 2010.

9)　Trafficking in Women and Girls. General Assembly Resolution 65/190 of 21 December 2010.

より日本は17年7月，国際組織犯罪防止条約および人身取引議定書・密入国議定書を締結した。

　このほか，国連は，1955年以来，5年ごとに，司法大臣や検事総長を含む国連加盟国の政府代表に加え，国際機関，地域機関，NGO，研究機関などが参加する「国連犯罪防止刑事司法会議」（United Nations Congress on Crime Prevention and Criminal Justice. CPCJ. コングレス）を開催している。92年には，国連総会の要請に基づいて，国連経済社会理事会（経社理）が，「犯罪防止刑事司法委員会」（Commission on Crime Prevention and Criminal Justice. CCPCJ. コミッション）を設置した。コミッションは，犯罪防止および刑事司法分野における国連犯罪防止計画の実施およびその見直しなどを任務とし，コングレスの準備組織としての役割も担っている。

　また，国連には「国連薬物犯罪事務所」（United Nations Office on Drugs and Crime. UNODC.本章**2.3**(2)参照）が設置されており，不正薬物・犯罪・テロリズムの各分野において，さまざまな技術協力や調査研究活動を行っている。

　(3)　G8／G7の取組み

　G8は，1978年に「G8テロ対策専門家会合」（G8 Counter-Terrorism Experts Group. Roma Group. ローマ・グループ）を発足させ，国際テロの動向などについて意見交換を行ってきた。また，95年には「G8国際組織犯罪対策上級専門家会合」（G8 Senior Experts Group on Transnational Organized Crime. Lyon Group. リヨン・グループ）の設立が決定され，96年に国際組織犯罪を効果的に抑止するための「国際組織犯罪と闘うための40の勧告」を発表した。2001年9月のアメリカ同時多発テロ事件以降は，ローマ・グループとリヨン・グループによる合同会合（G8ローマ／リヨン・グループ会合）が開催されるようになった。02年には，1996年の勧告を見直し，国際組織犯罪に加え，テロ対策についても定めた「国際犯罪に関するG8勧告」[10]が採択され，16年には「テロおよび暴力的過激主義対策に関するG7行動計画」[11]が発出された。近年では，新しい課題として，児童ポルノやハイテク犯罪，組織犯罪に有効に対処するための司法協力や法執行などについても議論が行われている。このほか，「G8司法・内務閣僚会合」

---

10)　G8 Recommendations on Transnational Crime.
11)　G7 Action Plan on Countering Terrorism and Violent Extremism.

（Meeting of G8 Ministers of Justice and Home Affairs）（2017年以降はＧ７内務閣僚会合）が，1997年から，国際組織犯罪対策への政治的取組みを強化する趣旨で開催されている。

2　薬物

1　薬物問題の現状

　世界的に見て，薬物問題は深刻な状況にあり，アフガニスタンの麻薬，高濃度大麻の世界的普及，アフリカを中継地とする不正取引の急増，合成薬物の製造・乱用の拡大など多くの課題が山積している。違法薬物は社会的・経済的に脆弱な国・地域，人びとに大きな打撃を与え続けている。また，麻薬は生産が開発途上国に集中しており，消費が先進国中心であることから，一種の南北問題でもある。

2　国際的な薬物対策の歴史

　麻薬統制は一国だけではその取締りが困難であるため，国内的だけでなく国際的にもその対応が必要とされており，国際的な薬物対策への取組み

世界の薬物使用状況
　2018年，世界で約2億6,900万人が薬物を使用しており，09年に比べて30％増加し，3,500万人以上が薬物使用障害に苦しんでいる。また，最貧層は，新型コロナウイルス感染症の世界的大流行（COVID-19パンデミック）による失業率の上昇や機会の減少によって，薬物の使用や売買・栽培へ関与する危険性が高まっている。2000年から18年の間に，開発途上国では先進国よりも急速に薬物使用が増加した。
　社会経済的に不利な立場にある人々は，薬物使用障害のリスクが高く，その主な要因は貧困・限られた教育・社会的疎外である。また，脆弱で疎外された集団は，差別や偏見のために治療サービスを得るための障壁に直面する可能性もある。
（UNODC, *World Drug Report 2020* ほか）

を強化すべく，従来から薬物関連諸条約の整備が進められてきた（表9-1）。Ｇ8は，1986年の東京サミットで薬物問題を取り上げて以来，議長声明などにおいてたびたび国際協力の強化をうたっている。2011年5月には，「Ｇ8・大西洋をこえたコカインの不正取引対策に関するアウトリーチ閣僚会合」（Meeting of the Ministers responsible for the fight against illicit drug trafficking）が開催されている。また，先進国間では，薬物関連援助政策などの調和を図ることなどを目的とするダブリン・グループ（Dublin Group）が1990年に発足している。現在，日本・アメリカ・カナダ・オーストラリア・ノルウェー・EU27ヵ国と UNODC などが参加して年2回の全体会合を開催し，情報交換・協議を行っている。

表 9-1 国際的な薬物乱用対策の歴史

年	出来事
1909	国際アヘン委員会（International Opium Commission）の開催。上海。 －麻薬に関する最初の国際会議。13カ国が参加。
1912	第1回国際アヘン会議（International Opium Conference）の開催。ハーグ（オランダ）。 －「国際阿片条約」（1912年国際阿片条約。1912年ヘーグ条約）[12]の採択・署名。薬物規制に関する初の多国間条約。
1936	「危険薬品の不正取引の抑制に関する会議」（Conference for the Repression of Illicit Traffic in Dangerous Drugs）の開催。ジュネーブ（スイス）。 －「千九百三十六年の危険薬品の不正取引の防止に関する条約」（不正取引防止条約）[13]の締結。薬物の不正取引に焦点をあてた初の国際条約。
1946	国際連合「麻薬委員会」（Commission on Narcotic Drugs. CND）の設置。
1961	国連「千九百六十一年の麻薬に関する単一条約」（麻薬単一条約）[14]の締結。1912年から1953年までの間に締結された既存の九つの薬物関連諸条約を継承・整理統合する。「国際麻薬統制委員会」（International Narcotics Control Board. INCB）の新設を規定する（1968年設置）。
1971	国連「向精神薬に関する条約」（向精神薬条約）[15]の採択。
1972	国連「千九百六十一年の麻薬に関する単一条約を改正する議定書」（麻薬単一条約改正議定書）[16]の締結。薬物乱用者に対する刑事罰の代替措置として，治療・教育・更生・社会復帰などを定める。
1988	「麻薬及び向精神薬の不正取引の防止に関する条約の採択のための国連会議」（United Nations Conference for the Adoption of a Convention against Illicit Traffic in Narcotic Drugs and Psychotropic Substances）の開催。ウィーン（オーストリア）。 －「麻薬及び向精神薬の不正取引の防止に関する国連条約」（麻薬及び向精神薬の不正取引条約。麻薬新条約。国連麻薬取引禁止条約）[17]の採択。
1990	「国連麻薬特別総会」（General Assembly Special Session on World Drug Problem. 麻薬サミット）の開催 －1991年から2000年までを「国連麻薬乱用撲滅の10年」（United Nations Decade against Drug Abuse）とする政治宣言の採択。
1998	「国連麻薬特別総会」の開催。 －「政治宣言」[18]の採択。 －「薬物需要削減の指針に関する宣言」[19]の採択。 －「世界薬物問題対策に関する国際協力強化措置」[20]の採択。
2002	「国連薬物犯罪事務所」（United Nations Office on Drugs and Crime. UNODC）の設置。
2016	「国連麻薬特別総会」の開催。 －「世界的な薬物問題への効果的な取組みと対策のための共同コミットメント」[21]の採択。

出所：外務省 HP，厚生労働省 HP，UNODC, *World Drug Report 2008* ほかより作成。

---

12) International Opium Convention. Hague Convention of 1912.

13) Convention of 1936 for the Suppression of the Illicit Traffic in Dangerous Drugs.

14) Single Convention on Narcotic Drugs, 1961.

15) Convention on Psychotropic Substances.

16) Protocol amending the Single Convention on Narcotic Drugs, 1961.

17) United Nations Convention Against Illicit Traffic in Narcotic Drugs and Psychotropic Substances.

3　国連

(1)　薬物関連諸条約

　国連は，加盟国政府に対して，薬物や向精神薬の生産と分配を管理し，薬物乱用と不正取引と闘い，その行動について国際機関に報告するよう求めている。この問題に関する条約は，次の三つである。各国とも早期批准を進めており，日本は三つの条約とも批准している。

　　―1961年「麻薬単一条約」[22]。1972年に麻薬単一条約を改正する「麻薬単一条約改正議定書」[23]が採択されている。麻薬を医療，学術目的に限定するためにその生産，分配，所持，使用，取引を制限し，ヘロインのような特定の麻薬に対して特別の対策を講じるよう締約国に義務づけている。

　　―1971年「向精神薬条約」[24]。向精神薬に関する国際統制制度を確立した。向精神薬（Psychotropic substances）とは，中枢神経に作用して精神機能に影響をおよぼす物質の総称であり，向精神薬条約は，麻薬以外の天然もしくは合成の向精神薬を規制する。

　　―1988年「麻薬新条約」（国連麻薬取引禁止条約）[25]。麻薬の流通規制を国際的に強化するために，麻薬および向精神薬の不正な製造，販売，輸出入，栽培などに関する犯罪を「不正取引」と定義して，マネー・ロンダリングを処罰の対象とする。さらに，不正収益の没収対象として銀行預金などの債権を加えたほか，犯罪の防止・処罰のための国際協力を促進するため，裁判権の設定，犯罪人の引渡しなどについて定める。

　国連は，国連麻薬取引禁止条約採択から10年目の1998年，世界麻薬問題に関する特別総会を開催した。総会はすでに90年に麻薬特別総会を開き，90年代を

　18）　Political Declaration. General Assembly Resolution S-20/2 of 10 June 1998.
　19）　Declaration on the Guiding Principles of Drug Demand Reduction. General Assembly Resolution S-20/3 of 10 June 1998.
　20）　Measures to Enhance International Cooperation to Counter the World Drug Problem. General Assembly Resolution S-20/4 of 10 June 1998.
　21）　Our joint commitment to effectively addressing and countering the world drug problem. General Assembly Resolution S-30/1 of 19 April 2016.
　22）　本章注14参照。
　23）　本章注16参照。
　24）　本章注15参照。
　25）　本章注17参照。

「国連麻薬乱用撲滅の10年」と宣言していたが，その後も状況は悪化し，麻薬の常用者は先進国を中心に増加し，低年齢化と開発途上国への拡大が指摘されていた。1998年の特別総会では，麻薬需要の抑制，不法な麻薬生産の撲滅と代替作物の開発，マネー・ロンダリングの禁止，アンフェタミン系興奮剤（Amphetamine-type stimulants. ATS）の需要と供給の抑制，司法協力，さらに前駆物質の規制が議論された。この特別総会において，国連総会は，不法な麻薬の需要と供給を2008年までに十分に減少させることやマネー・ロンダリングの禁止などを中心的内容とする「政治宣言」[26]のほか，「麻薬需要削減の指針に関する原則宣言」[27]，麻薬撲滅のための「行動計画」などからなる「世界薬物問題対策に関する国際協力強化措置」[28]を採択した。16年には，18年ぶりに開催された特別総会において，今日の新たな課題などを踏まえた議論が行われ，「世界的な薬物問題への効果的な取組みと対策のための共同コミットメント」[29]が成果文書として採択された。共同コミットメントでは，薬物の需要・供給の削減，国際協力などに加えて，健康，開発，人権などが取り上げられた。

(2) 薬物問題を取り扱う国連機関

麻薬委員会（CND）は，経社理の下部機関として53カ国のメンバーで構成され，薬物関連諸条約履行の監視，薬物統制の強化に関する勧告など，薬物統制に関する政策を決定する機関である。

国際麻薬統制委員会（INCB）は，経社理で選挙される13人の個人資格の委員で構成され，関連条約の対象薬物の生産・流通・消費について監視・管理を通じた不正取引と乱用の防止を図っている。

国連薬物犯罪事務所（UNODC）は，1997年に設立された国連薬物統制犯罪防止事務所（United Nations Office for Drug Control and Crime Prevention. UNODCCP）を，2002年に現在の名称に改称した組織であり，国連において薬物問題を包括的かつ一体的に取り扱う機関である。その目的は，持続可能な開発と人間の安全保障を確保する観点から，不正薬物・犯罪・国際テロリズムの問題に包括的に取り組むことである。UNODCは，麻薬委員会（CND），犯罪防止刑事司法

26) 本章注18参照。
27) 本章注19参照。
28) 本章注20参照。
29) 本章注21参照。

図9-2　麻薬関係の国際機関の機構図

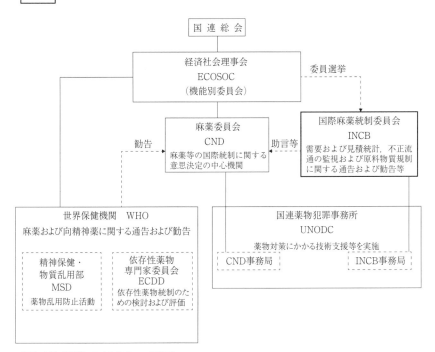

出所：厚生労働省 HP より抜粋，一部修正。

委員会（コミッション）および国際麻薬統制委員会（INCB）の事務局を務めているほか，国際組織犯罪防止条約など各種関連条約の事務局も務めている。

　麻薬関係の国際機関の機構図を示すと，図9-2のようになる。

4　各国の取組み

(1)　税関による水際対策

　不正薬物の消費国の多くでは，乱用されている薬物の大半が海外から流入していることから，これを水際で阻止するため，取締機関と税関などの関係機関との連携や，外国の取締機関などとの情報交換が重要な対策のひとつとなっている。

110

(2) 国内法による処罰

多くの国や地域では，麻薬など違法薬物犯罪に関する取締りが強化されている。罰則なども非常に厳しく，広い範囲の国・地域において外国人にも例外なく死刑や終身刑などの重刑が科されている。最近では，海外旅行中に薬物所持や密輸容疑で逮捕される日本人が年々増加しており，中国において実際に日本人が死刑に処せられた例もある。

日本の国内法は，いわゆる麻薬五法（薬物関連五法）である。すなわち，

— 「麻薬及び向精神薬取締法」。モルヒネ・ヘロイン・コデイン・コカインなど麻薬および向精神薬について規定する。

— 「あへん法」。

— 「大麻取締法」。麻薬の一種である「大麻」について規定する。

— 「覚せい剤取締法」。覚せい剤について規定する。たび重なる改正により罰則が強化されている。

— 「麻薬特例法」[30]。国連麻薬取引禁止条約の要請に基づき，組織的・継続的に行われる不正な薬物取引を加重処罰するとともに，不法収益などの没収に関する規定が設けられた。

没収の対象が有体物だけでなく無形の財産にまで拡張されるとともに，薬物犯罪収益に由来する財産も没収できることになり，薬物犯罪対策に新生面を開いた。

外国における日本人の薬物犯罪

日本人の男（67）ら3人は，2003年6月から同年7月にかけて，中国国内で入手した覚せい剤約5キログラムを日本に密輸しようとして，中国において麻薬密輸などの罪でそれぞれ死刑判決を受け，10年4月，同人らに対する死刑が相次いで執行された。中国の刑法においては，違法薬物の密輸などに関する罪に死刑の規定を設けるなど，薬物犯罪を厳罰で臨むべき重大な犯罪と位置づけている。

日本の「麻薬取締官」

厚生労働省の地方支分部局である地方厚生（支）局に設置されている麻薬取締部に所属する麻薬取締官は，厚生労働大臣の指揮監督を受けて，薬物関連五法に違反する罪，刑法第2編第14章「阿片煙に関する罪」，麻薬・あへん・覚せい剤の中毒により犯された罪について，刑事訴訟法に基づく特別司法警察員としての権限をもつ。麻薬取締官は，違法薬物に係る捜査のほか，医療麻薬の監督・指導，相談業務・啓発活動なども行っている。

---

30) 国際的な協力の下に規制薬物に係る不正行為を助長する行為等の防止を図るための麻薬及び向精神薬取締法等の特例等に関する法律。

第10章　国際経済(1)——貿易・投資自由化と法

1　貿易と投資

　「国際経済」（International economy）という言葉は，国民経済が商品売買や通貨取引などを通じて相互に結びついて多角的な関係の網の目を形成することを指している。そのひとつとして投資と貿易がワンセットで行われるのが製造業直接投資である。これを図解すると，図10-1のようになる。

　このように，製造業直接投資は，ヒト，モノ，カネ，技術，情報という経営資源（Managerial resources）がパッケージで移動するものである。貿易自由化の推進，自由貿易協定（FTA．本章**4**参照）の締結がいわれているが，投資自由化の推進，投資奨励保護協定，租税条約の締結・改正等とリンクさせなければ国際経済の自由化は達成されない。その意味では，経済連携協定（EPA．本章**4**参照）のほうがいっそう効果的かもしれない。

図10-1　国際投資—製造業の場合

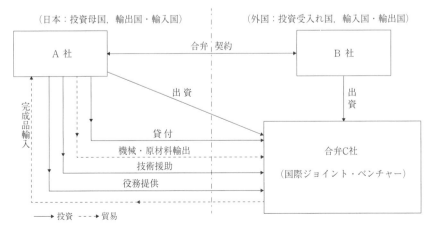

2　多国籍企業

「多国籍企業」という日本語は，法的にはきわめて曖昧である。法的には，
例えばひとつの会社が多数の国籍を有するということはありえない。それでも
多国籍企業という用語が多用されるのは，「全体としての企業」（Enterprise as a
whole）の事業活動が国境を越えて展開され，それを規律する必要がでてきた
からである。その意味では，トランスナショナル・エンタープライズ（Trans-
national enterprise），トランスナショナル・コーポレーション（Transnational cor-
poration）が，日本語の多国籍企業に近いかもしれない。ただし，"corpora-
tion"という言葉を使ってしまえば，会社とくに株式会社でない企業の活動は
多国籍企業ではなくなるという不都合が生じる。

　国境を越えて事業活動を展開するために設置される会社群を国際経営学的に
"An Enterprise as a whole" としてとらえれば，多国籍企業の概念としては図

図10-2　多国籍企業の概念―ひとつの例

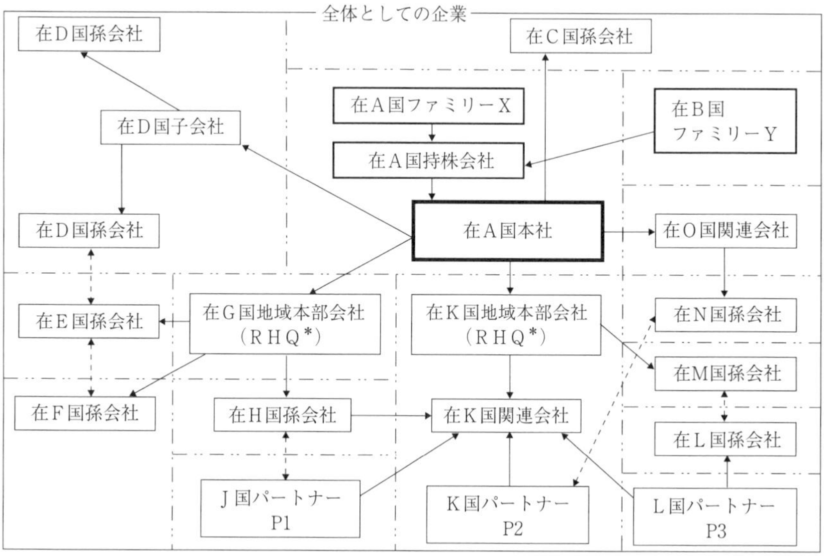

――‥―― 国境；――▶ 投資（出資，貸付）；◀‥‥‥▶ 貿易（製品，半製品，原材料などの輸出入）

＊Regional headquarters company.

10-2のようなものが考えられる。

　このような「全体としての企業」というシステムを組んだ場合には，「全体としての企業」のなかのある会社の「国籍」はどこにあるのかということが問題になる。設立準拠法主義（Theory of incorporation）の立場から見れば，どこの会社法に準拠して会社を設立したかで「国籍」を決める。この理論に基づくと，例えばアメリカでデラウエア州の会社法で設立してニューヨークに実質的な事業体を置いている場合は，会社の実体がなくてもその会社はデラウエア州法人ということになる。また，本拠地法主義（Seat theory）の立場から見れば，会社支配権の実質所有者はどこの国の人（法人）であるかということで「国籍」を決める。こうした問題を国際司法裁判所（ICJ）で争ったのが「バルセロナ・トラクション事件」と「ノッテボーム事件」である。国と企業の真正結合（Genuine link）という国籍決定規準も今日の企業活動を見れば，あまり客観的なものではない。

　例えば，「アメリカ住商事件」や「アメリカ伊藤忠事件」で，日本の親会社が支配する企業は日本法人として扱うべきだとの意見がアメリカの裁判所からも出ていることは，実務に照らして重要な意味をもっている。

統一会社法とサッカー戦争

　1969年6月，エルサルバドルとホンジュラスのサッカー戦がこじれた。ホンジュラスはエルサルバドルとの国交を断絶，国境線問題やエルサルバドル農民のホンジュラス不法入国をめぐり両国の関係が悪化してしまった。ホンジュラス軍はエルサルバドルに侵攻し，数千人の死者が出た。

　当時，中米では統一会社法が批准待ちだったが，このサッカー戦争で実現しなかった。もし，この戦争がなければ，一国の会社法によらずに「中米籍」を付与する国際法ができていたはずである。

チリ ITT 事件（アメリカ仲裁協会仲裁判断とチリ統令）

　チリ ITT（チリ電信電話会社。CTC）は，ITT（ニューヨーク）の子会社たる ITTSA（デラウエア）を通じてチリに設立した71年，同社が左翼政権の誕生を阻止するためにチリ大統領選挙に介入したということで国有化された。新左翼政権のアジェンデ大統領は，この間アメリカの大統領府と CIA が組んでチリ政府に介入していると国連に訴えた。この事件を契機に，アメリカ議会に多国籍企業小委員会，また国連に多国籍企業委員会（CTNC）がそれぞれ設置された。『ワシントンポスト』紙のコラムニスト，ジャック・アンダーソンがアメリカ行政府の介入を暴露したことを筆者が披露したところ，わが国の著名な学者はこれを単なる噂だと一笑に付した。しかし，アメリカ大統領，同補佐官，CIA長官は，議会小委員会の秘密聴聞会で介入の事実を認めてしまった。

　国有化事故への保険金支払に関わる OPIC（Overseas Private Investment Corp. 海外民間投資公社）と ITTSA との紛争に対しては，アメリカ仲裁協会（American Arbitration Association. AAA）の仲裁判断が下された。しかし，この仲裁判断とは関わりなくチリ政府が統令（decree-to-ley）を発し，これに基づいてチリ政府と ITTSA の交渉で補償金の問題は解決された。

バルセロナ・トラクション事件（国際司法裁判所判決）

　バルセロナ・トラクション・ライト・アンド・パワー社（Barcelona Traction, Light and Power Co.）は，1991年にカナダ法に準拠して設立された会社で，スペインのバルセロナで電力供給を行っていた。38年に同社はスペインの裁判所で破産宣告を受けたうえ，子会社とともに資産を差し押さえられた。損害を受けた株主の88パーセントはベルギー人であった。ベルギーは，株主の受けた損害を回復するためにスペインを国際司法裁判所（ICJ）に訴えた。

　ICJは外交的保護権行使の根拠としての会社の国籍は会社設立の準拠法たるカナダだとしてベルギーの請求を棄却した。

便宜国籍（Flag of convenience）の問題は，船籍でとくに問題になる。便宜置籍船国に船舶登録税を納付しさえすればその国に籍を置く船になるということであって，船がその国に常時停泊しているわけではない。したがって，例えばどこかの海上でその船に損害が生じたときはどこの国が関係者を保護し救済するかというような問題が生じる。「オナシス事件」も，そのひとつである。

会社の事業活動が国境を越えて展開される今日，会社については形式的に設立準拠法主義を適用し，個人には実質的に国籍の結合を要求するという判決がどれほどの意味があるのかは疑問である。

国ごとの法すなわち国内法をそれぞれ適用したり，国際私法（抵触法）で無理に準拠法を指定して"Enterprise as a whole"を規律したりすることはほとんど不可能である。そこで，投資と貿易を国際法レベルで規律するということが必要になってきている。しかも，そのような新しい国際法の定立にあたっては，単に国際法の専門家だけでなく，投資と貿易のリンキングの実態や投資の現場をよく理解している専門家の参加が不可欠になる。

ノッテボーム事件（国際司法裁判所判決）

ノッテボーム（Friedrich Nottebohm）は，グアテマラに居住していたが，ドイツのポーランド攻撃（本書2章3参照）で始まった第二次大戦直後にリヒテンシュタイン公国に帰化して国籍を変更した。グアテマラに戻ったところ，ノッテボームは敵国人（ドイツ人）とみなされて財産を没収され，身柄はアメリカに引き渡された。リヒテンシュタインは，自国が第二次大戦中は中立国だったので彼に対するグアテマラの処置は不当だとし，彼の財産の返還と政府措置で被った損害の賠償を求めて戦後グアテマラをICJに提訴した。ICJは，リヒテンシュタインと彼の間には「真正結合」が存在しないとして，リヒテンシュタインによる外交的保護権に基づく請求を棄却した。

アメリカ住商事件（アメリカ最高裁和解）

アメリカ住友商事（Sumitomo Shoji America, Inc.）は，住友商事の全額出資によりニューヨーク州会社法で設立された。これにより，現地法人のトップ（高級職員）の人事権は日本の親会社が掌握してきた。これが「日米通商条約」に触れるのではないかというのが争点である。アメリカ会社が日本法人であればトップの人事を親会社がどのように決定しても問題にならないのであるが，全額出資といえどもアメリカの会社法で設立されたものはアメリカ法人なのでそれが許されないということで訴えられた。

この事件はさらに複雑になる。親会社派遣のトップが常に男性だったために，「公民権法」違反ということで訴えられた。

集団訴訟（クラス・アクション）だから，1人が勝てばアメリカ住商で働く女性全員の勝利ということになる。ちなみにこの事件を担当した弁護士は女性であり，勝利を確信して訴訟費用を10年間全額肩代わりして法廷に臨んだ。事件は最高裁まで進み，和解ということで決着し，事実上住商側の敗北となった。

アメリカ伊藤忠事件（アメリカ最高裁和解）

アメリカ伊藤忠商事（C. Itoh & Co.（America））では，男性従業員らが，同社における管理職のポジションに日本人ばかりが雇用されるのは「公民権法」タイトル・セブンに違反すると訴えた。親会社たる日本の伊藤忠は日米通商条約の規定で支配企業もタイトル・セブンの適用を免除されるとして訴の棄却を請求した。これに対して，テキサス州南部連邦地裁は，「アメリカ住商事件」と同じく，アメリカ伊藤忠もアメリカ法人だとして，請求を棄却した。これに対して，第五巡回連邦裁は一審判決を破棄し，テキサス地裁に差し戻した。この巡回裁の判事の1人は日米通商条約の文言その他関連文書から見て日本の会社とは見なせないとしたが，残りの2人は支配企業も日米通商条約の保護を受けられると判事している。このあと，最高裁はその判決に対してアメリカ住商事件での最高裁判決に照らして判示するよう第五巡回裁に差し戻している。最終的には，和解で終結させた。

オナシス事件（ペルー最高裁判決とアメリカFBI命令）

トルコ生まれのオナシスは，アルゼンチン国籍とアメリカの市民権をとり，ギリシャに住んでいた。彼は，タック

3　ＷＴＯ

1　ＷＴＯとは

　ＷＴＯ（World Trade Organization. 世界貿易機関）は，①物やサービスの貿易についての国際協定を管理し，②知的所有権や貿易関連投資措置（TRIMs）などに関する新しい通商ルールを設定し，③世界の貿易自由化の推進と貿易関連の国際紛争の解決をめざす国際機関であり，「ガット」[1]に代わる国連の準専門機関である。1995年に発足し，2017年現在加盟数は164カ国・地域等となっている。

　スヘイブン（Tax haven. 課税回避地）に会社を設立した。

　タンカー船舶王だったが，1950年代にハンブルグ（ドイツ）で石油タンカーを改造して捕鯨船「オリンピック・チャレンジャー」とし，世界最大の捕鯨王になった。船はキール港（ドイツ）に置いたが，船籍はパナマすなわちタックスヘイブンに置いた。

　領海200カイリを主張していたペルーの海軍は，オナシス船団が捕鯨のためにキールを出港した時から情報を受けて，ペルー海軍が旗国船を威嚇し，リマに向かうよう指示した。しかし，船団が操業を続けたため，海軍は機関銃と大砲を発射，船長は降伏した。母船と4隻の捕鯨船計5隻は拿捕，リマ港連行となり，残りの捕鯨船はパナマへ追放された。船員400人は投獄された。船団がロイズに保険を掛けていた関係であろうか，ロンドン・タイムズ（*The Times*）がこの船はパナマ国旗を掲げた自由の船だとしてオナシスを擁護した。

　ペルー最高裁は，このパナマ便宜置籍船団たるオリンピック捕鯨船がペルー領海内で多数の鯨を殺したという罪に対して，5700ソル（2,800ドル相当）の支払を命じた。支払を5日以内に行わなければ船舶を没収し売却するというものであった。

　さらに，アメリカ連邦捜査局（FBI）は，オナシスがアメリカの市民権を有しているにもかかわらず，アメリカ国旗を船舶に掲げなかったことがアメリカ「船舶法」違反になるとして700万ドルの支払を言い渡し，彼も支払に同意した。

2　設立の経緯

　ＷＴＯの母体となったガットは，その始まりから暫定的な性格を有していた。第二次大戦後，IMF，世銀とともに，自由・無差別・多角主義を基盤とするITO（International Trade Organization. 国際貿易機関）設立が企てられ，その設立協定である「ハバナ憲章」[2]が作成された。このITOが成立されるまでの暫定的協定としてその一部を抜き出してまとめられたのがガットであり，ハバナ憲章がアメリカ等の批准を得られなかったため，ガットが1994年まで存続することになった。ガットの多角的貿易交渉（ラウンド）は48年のジュネーブ交渉に始まり，第8回のウルグアイ・ラウンドで終了した。同交渉の結果1994年にＷＴＯの設立が合意され，1995年に設立された。ＷＴＯ協定（WTO設立協定[3]ならびに20余りの附属協定）は，貿易に関連するさまざまな国際ルールを定めてい

---

1)　General Agreement on Tariffs and Trade. GATT. 関税及び貿易に関する一般協定。

2)　Havana Charter for International TradeOrganization. 国際貿易機関のためのハバナ憲章。

3)　Marrakesh Agreement Establishing World Trade Organization. 国際貿易機関を設立するマラケシュ協定。

図10-3　WTO の組織

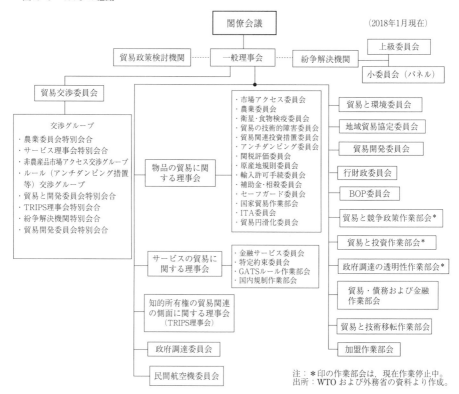

注：＊印の作業部会は，現在作業停止中。
出所：WTO および外務省の資料より作成。

る。WTO はこれらの協定を実施し運用すると同時に貿易の新たな課題に取り組み，多角的貿易体制の中核を担うものである。

3　機構

WTO の機構は図10-3のとおりである。ガットと違って法人格を備えた国際機関で，組織体制も大幅に強化されている。

4　活動

WTO への移行で新たに組み入れられたり従来よりも取組みが強化されたりした分野としては，貿易に関わる知的所有権の保護，サービス貿易，貿易と環境，農業，貿易関連投資措置（Trade-Related Investment Measures. TRIMs）などがある。これらはいずれも近年重要性を増しつつあるにもかかわらずガット体制下では十分に議論することができなかったものである。

4　FTA/EPA とは

1　地域貿易協定と WTO

　WTO は，加盟国政府が自由貿易地域または関税同盟を通じるなどして地域
ベースに基づいて貿易を円滑化することを企図している。WTO は，WTO の
枠組みのなかでは，地域貿易協定（Regional trade agreements. RTAs. 以下「RTA」）
に，①自由貿易協定（Free trade agreement. FTA/FTAs. 以下「FTA」）と，②関税同
盟（Customs union）設立協定と，③経済連携協定（Economic Partnership Agree-
ment. EPA/EPAs. 以下「EPA」）を含めることになる。ただし，片務的な「特恵貿
易取決め」（Preferential Trade Arrangements. PTAs）は RTA とは別扱いをしている。

2　FTA

　FTA は，2 カ国以上の国・地域で関税および
その他の制限的な通商規則を，実質上のすべての
貿易について取り除くことにより，一定地域内の
貿易を自由化するものである。例としては USM-
CA（前身は NAFTA[4]）が挙げられる（本書図11-5 参
照）。FTA は WTO 協定や最恵国待遇の例外とな
る。したがって，FTA は「関税その他の制限的
通商規則が，その構成地域原産の構成地域間にお
ける実質上のすべての貿易について廃止されてい

最恵国待遇（Most-favored nation treatment. MFN）
　ガット 1 条では，輸出入の際の関税等について，いずれかの締約国の産品に与える最も有利な待遇を，他のすべての締約国の同種の産品に対して，即時かつ無条件に許与しなければならない旨定められている。

内国民待遇原則（National Treatment）
　ガット 3 条では，締約国は，輸入品に対して適用される内国税や法令について，同種の国内産品に対して与える待遇より不利でない待遇を許与しなければならない旨義務づけられている。

る，二つ以上の関税地域の集団」であり（ガット24条 8 (b)），地域経済統合の
なかでは穏やかなものである。FTA には二国間協定が多いが，「欧州自由貿易
連合設立条約」（EFTA[5]）などの，多国間協定もある。
　関税同盟は，域内の関税およびその他の制限的な通商規則を，実質上のすべ
ての貿易について撤廃すると同時に，各締約国が域外から輸入する産品に対す
る関税その他の通商規則を実質的に同一にするものである（第**11**章 **1** 参照）。例
としては EU が挙げられる。

---

4)　Agreement between the United States of America, the United Mexican States, and Canada.

5)　Convention Establishing the European Free Trade Association.

図10-4　FTA と EPA の関係

```
                        ┌─────────────┐
                        │     EPA     │
                        └─────────────┘
┌──────────────────────────────────────────────┬─────────────────┐
│ ・サービス・投資・人の移動の促進；              │ ┌ ─ ─ ─ ─ ─ ─ ┐ │
│ ・政府調達・競争政策・知的財産権・電子商取引など │    FTA          │
│   におけるルールづくり；                        │                 │
│ ・各種分野における協力を通じる経済制度の調和実現 │ ・関税の削減・撤廃； │
│   （環境・労働・エネルギーなど）；              │ ・サービス貿易に対する │
│ ・その他                                        │   障壁の削減・撤廃   │
│                                                │ └ ─ ─ ─ ─ ─ ─ ┘ │
└──────────────────────────────────────────────┴─────────────────┘
```

3　EPA

FTA に関連して経済連携協定（Economic Partnership Agreement. EPA/EPAs. 以下「EPA」）というものがある。EPA は，FTA の内容を基礎としながらも，サービス，投資，人の移動の促進や，政府調達，競争政策，知的財産権，電子商取引等におけるルールを作り，さらにさまざまな分野での協力を通じて各種経済制度の調和を図るなど，より幅の広い対象分野について経済関係を強化することを目的とするものである。例としては2019年発効の日本＝EU[6]が挙げられる。

> **EPA 下の外国人看護師・介護福祉士候補者**
>
> 日本，日・インドネシア EPA，日・フィリピン EPA に基づいて2008（平成21）年度から外国人看護師・介護福祉士候補者の受入れを実施している。日本・ベトナム EPA に基づく候補者の受入れに向けては，両国間で調整を行っている。この3国からの受入れは，相手国からの強い要望に基づいて交渉した結果，経済活動の連携の強化の観点から実施するものである。
>
> 候補者に義務づけられている最後の国家試験（筆記試験）が難しいため，難解な漢字にはフリガナを付記し，疾病名には英語を付記し，国際的な略語等にも英語を付記し，外国人名には原語を併記することとなった。

4　地域統合の諸形態

地域統合には自由貿易地域，関税同盟，共同市場，経済同盟，完全統合などの諸形態がある（本書次章参照）。WTO 設立以降，RTA は従来の物品の関税引下げなどにとどまらず，共同市場や経済同盟の分野に踏み込むことが多く見られる。FTA と名づけ EPA 諸分野が含まれることもあり，したがって，新しい時代の FTA は EPA と同義語になる場合が多くなる。

FTA と EPA の関係は図10-4 のとおりである。

5　WTO との整合性

WTO は，自由貿易地域や関税同盟の結成に関して，結成前よりも域外国に対して関税水準を引き上げたりその他の通商規則を制限的なものにしたりして

---

6)　Agreement on the European Union and Japan for an Economic Partnership. 経済上の連携に関する日本国と欧州連合との間の協定。

はならないという条件で認めている（物品の貿易についてはガット24条，サービス貿易については GATS 5条）。こうした RTA を締結した国は，これを WTO に通報（notify）し，地域貿易協定委員会（CRTA）または貿易と開発委員会（CTD）の審査を受けなければならない（本章図10-3右列参照）。こうして CRTA に通報された協定の数は，2020年現在711であり，これまでに306の協定が発効している。

5　FTA/EPA 締結の動向

1　締結の特徴

最近の FTA/EPA の締結には，次のような特徴がみられる。第一の特徴として，WTO 結成後，締結数が急増したことが挙げられる。1948年のガット発効以降，95年の WTO 発効までに通報された地域貿易協定（RTA）は，57年締結の EEC（現 EU のかつての「ヨーロッパ経済共同体」）を始めとして47件であったが，発足後5年も経たないうちにそれ以上の数の RTA が結ばれ，その多くの FTA であった。締結数の増加は21世紀に入っても続いている。

第二に，これまでは主としてヨーロッパ内の近接した国同士が結んでいたのだが，2000年に EU ＝メキシコ[7]，EFTA ＝メキシコ[8]，アメリカ＝ヨルダン FTA[9] が締結されるなど，遠近を問わずに締結する動きが見られる。

第三に，アジア地域にも FTA 締結の動きが高まってきている。すなわち，2002年1月から，ASEAN 域内の貿易自由化をめざす ASEAN 自由貿易地域（AFTA）[10] 出の関税引下げがスタートした。

第四に，国内市場の競争や投資促進の環境整備に必要な事項に関して，

必要な協定の数

すべての国同士が二国間 FTA/EPA を締結する場合は，協定数 = n（n - 1）÷ 2である。したがって，例えば WTO 加盟国中の100カ国が二国間 FTA/EPA を締結することになれば，協定数 = 100（100 - 1）÷ 2 = 4,950となり，莫大な時日と資金と人力が必要になる。この点からすれば，できるだけ地域レベルないしグローバル・レベルの FTA/EPA を締結するほうが効率的ともいえる。

---

7)　Free Trade Agreement between the European Community and the United Mexican States.

8)　Free Trade Agreement between the EFTA States and the United Mexican States.

9)　Agreement between the United States of America and the Hashemite.

10)　Agreement on the Common Effective Preferential Tariff Scheme for the ASEAN Free Trade Area.

WTO における合意以上に踏み込んだ内容を協定に盛り込んでいる。

以上の諸点に関する問題点としては，WTO 協定と FTA/EPA との重複・抵触の懸念が挙げられる。FTA/EPA によりトランスナショナルな経済連携の強化は，WTO を補完するものとして評価されている。しかし，締結された協定は WTO に通報されても，整合性や重複・抵触の未審査のまま実施している協定も少なくない。

2 日本をめぐる状況

わが国の場合は，初の FTA/EPA として日・シンガポール経済連携協定[11]を発効させてから多くの国との間で締結ないし締結交渉に拍車がかかっている。2020年現在，FTA/EPA の交渉等の現状は次のとおりである。まず，発効済みの EPA は日＝シンガポール，日＝メキシコ，日＝マレーシア，日＝チリ，日＝タイ，日＝インドネシア，日＝ブルネイ，日＝ASEAN，日＝フィリピン，日＝スイス，日＝ベトナム（本章**6**の BIT も準用），日＝インド，日＝ペルー（本章**6**の BIT も準用），日＝オーストラリア，日＝モンゴル，TPP（図10-5），日＝EU，日＝イギリスの計19，また交渉中のものは東アジア地域包括経済連携（RCEP。図10-5），日＝トルコ，日＝コロンビア，日＝中＝韓の計3，交渉中断中のものは日＝GCC（湾岸協力会議），日＝韓，日＝カナダの計3である。

関税割当制度

わが国政府は，一定の数量以内の輸入品に限り，無税または低税率（一次税率）の関税を適用して，需要者に安価な輸入品の提供を確保する一方，この一定数量を超える輸入分については比較的高税率（二次税率）の関税を適用して国内生産者の保護を図っている。数量は，毎年度政令で数量が定められている。2020年現在の適用対象は，ナチュラルチーズ，革，革靴，雑豆・バター・こんにゃく芋など20品目（革・革靴は経産省，残り18品目は農水省の所管）。例えば，こんにゃくの「精粉」を中国から輸入する場合，一次関税は40%，二次関税は 1 キロあたり約2,796円であった（2005年度）。中国の精粉の原価は 1 キロ約600円。600円×1.4＋2,796円＝3,636円。したがって，関税は3,636円÷600円≒600%となる。

3 日本が関わるアジア広域 FTA/EPA

現在，アジアにおける広域 FTA/EPA 形成の交渉はめまぐるしく動いている。2020年現在の状況は，図10-5のとおりである。

6 BIT

1 BIT とは

二国間投資協定（Bilateral investment treaty. BIT）には，投資奨励保護協定，投

---

11) Agreement between Japan and the Republic of Singapore for a New Age Economic Partnership. 新たな時代における経済上の連携に関する日本国とシンガポール共和国との間の協定。

図10-5　日本が関わるアジア太平洋地域の広域EPA

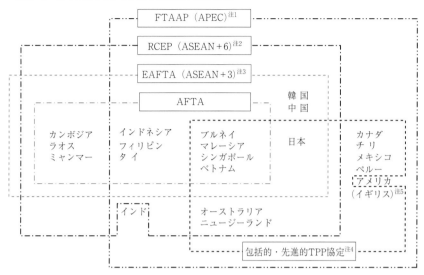

注1）　Free Trade Area of the Asia-Pacific. アジア太平洋自由貿易圏（構想）。
注2）　Regional Comprehensive Economic Partnership. 東アジア地域包括的経済連携。2020年11月，インドを
　　　除く15カ国が署名。
注3）　East Asia Free Trade Area. 東アジア自由貿易地域。日本が提唱したCEPEA（Comprehensive Economic
　　　Partnership in East Asia. 東アジア包括的経済連携協定）に替えて韓国が提唱。かつての東アジア自由貿易
　　　地域（FEAFTA）構想では，加盟国がインドネシア，マレーシア，フィリピン，シンガポール，香港，台
　　　湾，日本，中国，韓国となっていた。
注4）　Comprehensive and Progressive Agreement for Trans-Pacific Partnership. 環太平洋パートナーシップに
　　　関する包括的及び先進的な協定。アメリカはTPPから離脱。ほかに加盟に関心をもつ国・地域は，イン
　　　ドネシア，中国，韓国，タイ，台湾。
注5）　イギリスは2022年加盟をめざして21年春から交渉を開始する。

資促進保護協定などという条約名がつけられている。BITは相互主義に基づく
ものであり，双方が投資母国と投資受入れ国の両面を供えている。この点がア
メリカの従来の投資保証協定（Investment guaranty agreement. IGA）とは大きく異
なっている。すなわち，IGAはアメリカを投資母国とし，開発途上国を投資受
入れ国とし，アメリカからの投資保護を目的とするものである。BITの内容は，
およそ次のようなものであるすなわち，①両国は投資の許可に関して最恵国待
遇を与える（内国民待遇〈National treatment〉を与えることもある），②両国は投資
財産・収益などに関して内国民待遇と最恵国待遇を与える，③投資財産・収益
に対する不断の保護・保障，国有化などの措置をとるための条件を定め，両国
はこれらに関する内国民待遇および最恵国待遇を与える，④両国は相手国によ

る投資保証に基づく請求権などの代位（Subrogation）を相互に承認する，⑤両国は，投資紛争解決条約[12]に従って「投資紛争解決国際センター」（International Centre for Settlement of Investment Disputes. ICSID）の調停（Conciliation）または仲裁（Arbitration）に付託する。

2　BIT の締結状況

BIT の累積総数は，1989年の385から2017年の2,946に大きく増加している。締結数の多い国はドイツ，スイス，中国，イギリス，フランスなどである。アメリカは「対外援助法」[13]の規定に基づいて IGA を結ばない国には経済・軍事援助を与えず特恵関税を認めないこととし，これまで100カ国をこえる投資受入れ国との間でこの片務的な協定を結んできている。今は，ヨーロッパ型の BIT が主流であり，最近ではアメリカもこの型の BIT を結んでいる。

また，FTA/EPA のなかに BIT の規定を織り込んでいく方式や，BIT を FTA/EPA に準用する方式もある。これらは，貿易と投資が切り離せないものであることを示している。

BIT のなかに，①投資保証協定（IGA）・投資奨励保護協定・FTA/EPA の投資関連規定を含め，②二国間ではなく二者間とし，かつ③失効済・署名済未発効（例：2020年の日＝モロッコ）・交渉中（例：日＝RCEP。図10-5）などを含めれば，その累計は2020年現在3,292，うち発効済は2,662である。日本は，1978年にエジプトとの間で初の BIT を発効させ[14]，2020年6月現在で発効済み協定を30（香港との協定，日中韓間協定を含む），署名数を5，交渉中を17にふやしている。

---

12)　Convention on the Settlement of Investment Disputes between States and Nationals of Other States. 国家と他の国家の国民との間の投資紛争の解決に関する条約。

13)　Foreign Assistance Act. FAA.

14)　Agreement between Japan and the Arab Republic of Egypt Concerning Encouragement and Reciprocal Protection of Investment. 投資の奨励及び相互保護に関する日本国とエジプト・アラブ共和国との間の協定。

第11章　国際経済(2)──地域統合と法

1　地域統合のパターン

1　イワノビッチによる分類

イワノビッチ（Miroslav N. Jovanović. UN.ECE）は，最低2カ国以上の間の経済統合には，理論上次の七つのタイプがあるとしている。すなわち，

①特恵関税取決め─（Preferential tariff agreement）署名国間の貿易に対する関税を第三国との貿易に対して課税される関税に比べて低くするもの。

②部分的関税取決め─（Partial customs agreement）参加国が相互の貿易に対する期初の関税を留保し，第三国との貿易に対する共通域外関税を導入するもの。

③自由貿易地域─（Free trade area）相互の貿易に対するすべての関税および量的制限の撤廃についての加盟国間の取決め。この地域の各国は，第三国との貿易に対する自国の関税その他規制を残留保持する。

④関税同盟─（Customs union）参加国が域内貿易に対する関税および量的制限を撤廃するだけでなく，第三国との貿易に対する共通域外関税を導入するものの。参加国は，貿易および関税に関する国際交渉においては単一の構成体として参加する。

⑤共同市場─（Common market）関税同盟と違い，生産要素の自由な移動が存在するもの。第三国との要素移動に関する共通規制（制限）が導入される。

⑥経済同盟─（Economic union）加盟国が共同市場だけでなく，財政，通貨，産業，地域，輸送その他経済政策の調和を備えたもの。

⑦完全経済同盟─（Total economic union）加盟国が単一の経済政策と強大な権

表11-1 経済統合のタイプ

政策行動	自由貿易地域	関税同盟	共同市場	経済同盟	完全経済同盟
関税および割当の撤廃	○	○	○	○	○
共通域外関税	×	○	○	○	○
要素移動	×	×	○	○	○
経済政策の調和化	×	×	×	○	○
経済政策の完全統一化	×	×	×	×	○

出所：M．N. Jovanović, *International Economic Integration* より作成。

図11-1 関税同盟と自由貿易地域

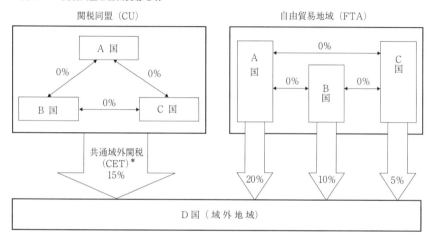

* CET: Common external tariff.
出所：田村次朗『WTO ガイドブック』より作成。

　　限を有する（この連合体の）超国家政府を備えた同盟。物，サービスおよ
び諸要素の移動に対する行政上の障壁は存在しない。
　上記のうち，③〜⑤をマトリックスで示せば，表11-1のようになる。
2　バラッサによる分類
　　かつてバラッサ（Béla Balassa）は，経済統合の度合いを示す形態として，次
の五つすなわち，①自由貿易地域，②関税同盟，③共同市場，④経済同盟，⑤
完全経済同盟（Complete economic union）を挙げている。
3　関税同盟と自由貿易地域の相違
　　ガット24条に定められている関税同盟と自由貿易地域の違いについてひとつ
の例を示せば，図11-1のようになる。

表11-2　EC/ EU 加盟国の拡大

原加盟国	フランス，ドイツ，イタリア，オランダ，ベルギー，ルクセンブルグ
第1次拡大（1973年）	イギリス，アイルランド，デンマーク
第2次拡大（1981年）	ギリシャ
第3次拡大（1986年）	スペイン，ポルトガル
第4次拡大（1995年）	オーストリア，フィンランド，スウェーデン
第5次拡大（2004年）	ポーランド，ハンガリー，チェコ，スロバキア，スロベニア，エストニア，リトアニア，ラトビア，キプロス，マルタ
同　　　（2007年）	ブルガリア，ルーマニア
第6次拡大（2013年）	クロアチア
イギリスのEU離脱（2020年）	

出所：EU ホームページ，外務省資料，庄司克宏『新 EU 法：基礎篇』ほかより作成。

2　EU（欧州連合）

1　はじめに

EU（European Union. 欧州連合／ヨーロッパ連合）は，第二次大戦後に行われてきたさまざまな統合の積み重ねで形成されてきた。その目的は，ヨーロッパの政治・経済の統合をめざし，加盟国間の相互協力を強化することであった。

EU は，1993年に欧州共同体（European Community. EC）に加盟する12カ国による欧州連合条約（マーストリヒト条約。本節3参照）で発足した。ここから EC 諸国は EU 加盟国になり，その後95年に3カ国，2004年に10カ国，次いで07年に2カ国，13年に1カ国が加盟した。これで EU は28カ国体制となったが，2020年のイギリス離脱（Brexit）で，現在の加盟国は27カ国となっている（表11-2）。

2　史的変遷

(1)　ECSC

1950年の「シューマン宣言」[1]で提案され「欧州石炭鉄鋼共同体設立条約」[2]が6カ国（フランス，ドイツ，イタリア，ベネルックス）の間で52年に発効した。これが，ヨーロッパ部分的統合の始まりである。次いで，一般的統合をめざす「欧州経済共同体条約」[3]と，「欧州原子力共同体条約」[4]が上記6カ国の間で58

---

1)　Schumann Declaration.
2)　Treaty Establishing the European Coal and Commodity. ECSC.

年に発効した。EECは関税同盟を含み，物，人，サービス，資本の移動の自由と競争政策からなる「共同市場」（Common market）を60年までに完成するという目標を設定した。12年以上の間，域内の貿易障壁（trade barrier. TB）の撤廃や域内諸国からの輸入品に対する共通関税の設定，そして農業を管理，援助する共通農業政策を指導し経済統合を進めてきたEECは，次第に超国家的な構成体となっていった。

(2) ECの設立と拡大

EECの経済政策は次第に成果を挙げ，三つの共同体すなわちEEC，ECSC，EURATOMは，67年に欧州共同体（European Community. EC）としてひとつにまとめられた。しかし，その後は見るべき進展もなかった。

69年，フランスの提案で，ハーグ（オランダ）でEC加盟国首脳会議が開催された。この会議でECの財源に関する協定や加盟国による対外政策協力の枠組み，加盟国の拡大に向けての地盤づくりがなされた。

72年には加盟条約の署名が行われ，多くの国が加盟を果たした。表11-2のとおり，2020年までに加盟国数は27となっている。この間，ノルウェーは国民投票の結果，EC入りを否決している（それでも経済は堅調）。

(3) 単一市場

85年，ミラノ（イタリア）での首脳会議で，EC委員会（欧州共同体〈EC〉時代の執行機関。現在の欧州委員会にあたる）が加盟国間に残る貿易障壁をほぼ全面的に撤廃する7カ年計画を提案した。欧州理事会はこれを承認し，92年末までに単一市場（Single market）を達成して加盟国間の相互協力と統合を進めることが決まった。

(4) 単一欧州議定書

87年に発効した「単一欧州議定書」[5]は，域内市場を物，人，サービスおよび資本の自由な移動が確保された，内部に国境のない地域と定め，完成を92年末に設定し，ローマ条約以降初めてEC機構の大改革を行った。例えば，閣僚理事会の議決を全員一致から特定多数決制に移行させたことで，単一市場への

---

3) Treaty Establishing the European Economic Community. EEC. ローマ条約。
4) Treaty Establishing the European Atomic Community. Euratom. ユーラトム。
5) Single European Act. SEA.

プロセスを縮めることができた。また，単一市場への機動力となってきた欧州理事会が正式な地位を与えられた。

3　EU 発足

⑴　欧州連合条約（マーストリヒト条約）

91年マーストリヒト（Maastricht. オランダ）で開かれた欧州理事会（European Council. 加盟国首脳会議）に提出された「欧州連合条約」[6]案は92年に署名され各国の批准を経て93年に発効し，EU（European Union. 欧州連合）が発足した。

条約は，①経済通貨同盟（Economic and Monetary Union. EMU）の設立，②共通外交・安全保障政策の実施，③司法・内政領域での協力を EU の「三本の柱」(Three pillars) とし，ほかに，④欧州中央銀行（European Central Bank. ECB）を設立して単一通貨を導入し，⑤加盟各国の市民に「欧州市民権」(European citizenship) を与えた。

EU は93年から域内市場を完全に統合し，アメリカを上回る人口４億人近い市場になった。人の移動に関しては，96年発効の「シェンゲン条約」[7]で，特定８カ国間とはいえ国境をなくした。94年には，欧州通貨機構（European Monetary Institute. EMI）が発足し，95年の首脳会議で単一通貨を「ユーロ」(Euro) に決めた（2020年現在，ユーロ圏は19カ国）。

⑵　新欧州条約（アムステルダム条約）

97年の首脳会議は，欧州連合条約を大幅に拡大し，「新欧州条約」[8]採択した。主な改正は次の３点である。すなわち，①EU の共通外交や安全保障政策はこれまで全会一致を原則としてきたが，新条約は賛成国だけが実施義務を負い，棄権国には義務を免除させる建設的棄権制を導入することで意思決定に機動性をもたせたこと，②98年開始の中欧・東欧諸国との新規加盟交渉をにらんで，機構改革の手順を定めたこと，③労働条件などを規定する「社会憲章」[9]を条約の本体に組み入れたこと。この条約のもとで，EU は通貨統合と拡大に向けて本格的に動き始めた。

---

6)　Treaty on European Union/Maastricht. マーストリヒト条約。
7)　Shengen Treaty.
8)　New Treaty for Europe/Amsterdam Treaty. アムステルダム条約。
9)　Charter of the European Social Rights of Workers.

4 EU拡大

⑴ ニース条約

　EU加盟申請に関しては，まずトルコが87年に行い，冷戦終結後の90年代には中・東欧諸国からの申請が相次いだ。EUの拡大に備えて，2000年ニース（Nice. フランス）で開かれた欧州理事会では機構改革問題が取り上げられ，EUの新規条約「ニース条約」[10]に合意した。主な改正は次の3点である。すなわち，①EUの行政を担当する欧州委員会（European Commission. コミッション）の構成について，2005年から1国1委員とし，委員数の上限を27人とすること，②特定多数決の対象分野拡張と票配分の改定を行うこと，③一部の加盟国が先行して特定の分野について政策統合を行う方式（先行統合：Closer cooperation）の発動要件を緩和すること。

　EUは独立国で構成されているが，参加各国の主権の一部はEUの共通政策に委ねられている（例えば，金融政策や出入国管理など）。ニース条約は，加盟国増加に備えて，その共通政策を決定しやすくするために多数決で決められる対象分野を拡大したわけである。

⑵ ラーケン宣言

　01年，ラーケン宮（Palais de Laeken/ Laeken Royal Palace. ブリュッセル）で行われた欧州理事会は，EUの将来像を提言するための諮問会議の創設を盛り込んだ「ラーケン宣言」[11]を採択した。この会議では，04年に25カ国体制とすることを確認した。02年からは，「欧州憲法」（本項⑷参照）について協議を開始した。また，加盟国が連邦制へ進むのか国家連合にとどまるのかという本質的な問題を論議している。

⑶ 10カ国同時加盟

　02年にコペンハーゲンで開かれた欧州理事会は，加盟交渉を終えた中・東欧諸国など10カ国について04年の同時加盟を決定した。新加盟が決まったのは，東欧5カ国，バルト3国，地中海の2カ国である。

　新規加盟10カ国は03年に加盟条約に署名し，各国での批准を経て正式に加盟した。これでEUは25カ国となり，総人口も4億6,000万人に拡大，域内総生

---

10)　Nice Treaty.
11)　Declaration of Laeken/ Declaration on the Future of the European Union.

産（GDP）は10兆ユーロ近くになり，アメリカと並ぶ世界最大の経済圏になっ
た。候補国となったトルコについては04年末に同国の人権や民主化の進展状況
を判断したうえで交渉に入るとし，交渉中のルーマニアとブルガリアについて
は07年に加盟を受け入れるとの第二次東方拡大の方針を確認している。

　欧州理事会すなわち首脳会議は「'一つのヨーロッパ'宣言」[12]も採択したが，
その道のりは容易ではない。新加盟10カ国は近代化の遅れで所得も低く，その
8カ国が経済体制で異なる旧共産圏の国ぐにだったことで統一的な経済運営は
難しい。加盟交渉でも，農業補助金などEUが新規加盟国に配分する予算の調
整が難航した。

　トルコについては，地域的な問題すなわちヨーロッパなのかアジアなのかと
いったことにあわせ，社会・文化的な問題すなわちキリスト教のEU諸国とイ
スラム教の大国をどう調和させるかといったことが残されている。

　この欧州理事会は，EU初の独自部隊となる「EU緊急対応部隊」（EU Rapid
Reaction Force. ERRF）を03年に始動させることも合意している。この部隊は兵
員6万人で編成され，NATOが実施を望まない人道的な分野や平和維持の分
野で活動するよう企図されたものである（2020年現在，実現していない）。

(4)　欧州憲法条約

　04年，欧州理事会は，「欧州のための憲法を定立する条約」[13]を全会一致で採
択した。この条約は前文と本文4部，附属議定書で構成されている。その概要
は次のとおりである。憲法は加盟各国すべてが国内承認手続（国民投票による批
准）を済ませれば発効するが，その目標は09年とされた。

　条文のなかには，欧州理事会が「EC大統領」（President of the European Com-
mission）を選出し，「EU外相」（Union Minister of Foreign Affairs）を任命し，「EU
防衛庁」（EU Defense Agency）を創設するなどの規定が設けられた。

　条約はそれぞれの国内において批准手続きが進められ，すべての加盟国が批
准を済ませば2006年11月に発効することになっていた。しかし，結果的には18
の加盟国は批准したものの，フランスとオランダが批准を拒否した。この影響

12)　'One Europe' Declaration/Declaration of One Europe/Declaration 'One Europe '.
13)　Treaty Establishing a Constitution for Europe （TCE, European Constitution, European
Constitutional Treaty）.

で，ほかの加盟国の一部で批准手続きが延期または凍結されることとなった。この後，欧州理事会が「熟慮期間」（Period of reflection）を置くことを決めた。この後，07年の欧州理事会では，代替策としての改革条約の協議を開始することが決定された。

(5) リスボン条約

2年におよぶ「熟慮」の後，07年に欧州理事会が新しい条約の枠組みに合意し政府間会議（IGC）起草の「欧州連合条約及び欧州共同体設立条約を改正するリスボン条約」[14]案を承認した。草案は2007年10月に合意に達し，同年12月署名，09年12月発効となった。

リスボン条約に基づいて，欧州共同体（EC）は消滅してEUに一本化され，これに伴って従来の「EC条約」は「EU機能条約」[15]と改められた。この条約は，欧州憲法条約案に盛り込まれていた機構改革や，市民のEUへの関与を強化することを織り込んでいる。その一方で欧州憲法条約案にあった超国家機関的な性格を取り除き，特定の国への適用除外も規定した。

5 組織

(1) 一般

EUの組織は基本的にはECを受け継ぐものであり，EU本部にある欧州委員会，理事会や欧州理事会（首脳会議），欧州議会，欧州司法裁判所のほか，評議機関が主なものである。2013年現在のEUは，図11-2，11-3のとおりである。

(2) 欧州委員会（コミッション）

欧州委員会（European Commission）は，EUの執行機関である。委員会は政策案を作成し，（閣僚）理事会へ提出する。また，域外国や国際機関との経済関係ではEUを代表する。監督面での役割としては，EUの資金や各種計画を管理し，開発途上国向け援助を行う（第14章参照）。

(3) EU理事会

EU理事会（Council/Council of Ministers/Council of the European Union）は，EUの主要な立法機関である。リスボン条約発効後は，理事会議長がEU大統領と

---

14) Treaty of Lisbon Amending the Treaty on European Union and the Treaty Establishing the European Community. リスボン条約。

15) Treaty on the Functioning of the European Union. EUの機能に関する条約。

図11-2　現在の EU の組織(1)

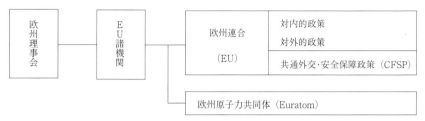

出所：表11-2に同じ。

図11-3　EU の組織(2)

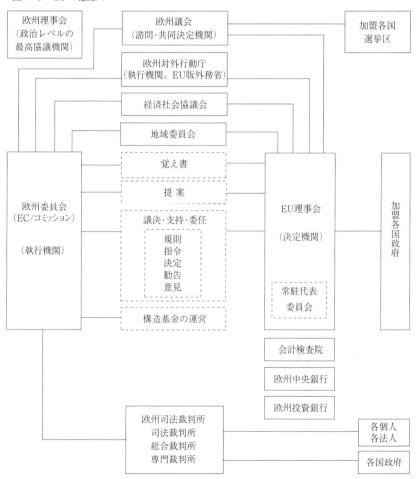

よばれることもある。理事会は立案をすることはできないが，欧州委員会の提案を承認，拒否することはできる。

(4) 欧州理事会

欧州理事会（European Council）は，加盟国「首脳会議」のことである。各国首脳と欧州委員会の委員長で構成される。臨時首脳会議を含めると，通常 1 年に 4 回開催される。ここでは閣僚理事会や欧州委員会で解決できない重要問題や国際政治問題を協議する。

(5) 欧州議会

欧州議会（European Parliament）の構成員は加盟国市民の直接選挙で選出される。マーストリヒト条約以後は影響力をもつようになった。

EC ／ EU ビール事件（欧州裁判決，1987）

ドイツの「ビール純粋令」（Reinheits gebot）とビール税法は，大麦モルトと酵母，ホップと水だけから製造したものだけしかビールと認めない。したがって，米，とうもろこしなどを使ったモルトはビールではない。また関連法規で定める原料以外の添加物（穀物，保存料など）を混入した商品はビールの名称で取引することを禁じている。そこで，欧州委員会は，加盟国内で合法的に生産されたビールがドイツの法令上輸入不可能になり，取引禁止も正当化できないということで，EEC 条約に違反しているという意見書を送付した。ドイツがこれを認めないため，委員会は欧州裁判所に条約違反であることの宣言を求めて提訴したものである。

1979年の Cassis de Dijon 事件判決では，一方の加盟国（フランス）で合法的に販売されている商品（リキュール）は，保健上の理由がある場合を除き他方の加盟国（ドイツ）で禁止されないこととされた。1989年のビール判決では，ビール純粋令の必然性が問題となった。けっきょく，域内市場貿易の自由を優先させるべきであるということになった。つまり30条により，輸入ビールについては，輸出国において合法であれば，ラベルを表示することでドイツは純粋令を理由に拒むことはできないとされた。

87年のビール判決では，欧州裁判所は，規制の必然性がなく，全面的販売禁止は行き過ぎであり，ラベル表示の要求で十分であるとした。

(6) 欧州司法裁判所

欧州司法裁判所（Court of Justice）は，加盟各国の最高裁判所の上位に位置づけられる。EU 法に基づいて審判を行う。同裁判所は，加盟国政府と EU 諸機関の間のまたは EU 諸機関同士の争い，そして EU の定めた規則に対する抗議を処理している。

裁判所は加盟国の同意なしに裁判を開くことができるし，各国政府のみならず個人も訴訟を起こすことができる。

(7) 欧州対外行動庁

欧州対外行動庁（European External Action Service. EEAS）は2010年に設置された執行機関で，いわば EU 版外務省に相当する。地域・機能ごとに分かれた各局は，EU の外交政策を立案・執行するとともに，リスボン条約で設けられた外務・安全保障政策上級代表（High Representative of the Union for Foreign Affaires and Security Policy. EU 外相に相当）を補佐する。

図11-4　EU の通常立法手続―EU 機能条約294条

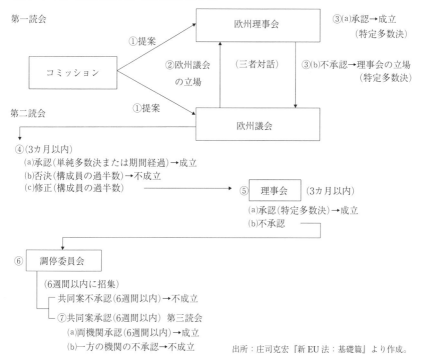

出所：庄司克宏『新 EU 法：基礎篇』より作成。

6　立法・政策決定過程

　EU 法の立法と政策決定過程の基本的な形は，欧州委員会（コミッション）の提案と EU 理事会の決定であり，これに対する欧州議会による協力である。立法手続について例を示せば，図11-4のようになる。

3　その他

　そのほかの地域統合の例としては，図11-5のようなものがある。現在，日本ととくに関わりをもつ統合については，本書の第**10**章で説明している。

図11-5　主な地域協力　　　　　　　　　　　　　　　　　　　　　　（2020年12月現在）

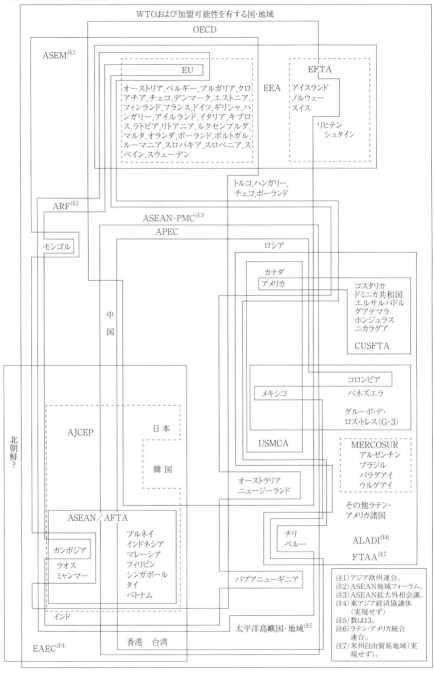

第12章　国際経済(3)──企業活動と法

1　競争政策

1　企業による反競争的行為の規律

　競争政策は元来，各国が公正で自由な競争促進を通じて国内の消費者利益を確保することを目的として実施されてきた。しかし，近年では，自由主義市場経済が世界的な潮流となるなかで，すでに100をこえる国・地域において競争法が存在している（表12-1）。

　企業活動がグローバル化していくなかで，アメリカを皮切りに，欧州や日本，さらには中国などでも，国内市場における競争に影響を与える国際カルテルや企業結合に対して，自国の域外の企業・個人であっても自国の競争法を適用する体制をとっており，実際の適用事例も複数発生している。しかし，自国競争法の積極的な域外適用は，重大な政治的摩擦を引き起こす可能性があるばかりでなく，実務的にも執行の実効性の確保が困難であるという問題がある。市場のグローバル化のなかで，競争法・競争政策の調和と競争法自体の規律強化の重要性が高まっている。

2　競争政策の調和と規律強化の歴史

(1)　競争法・競争政策の調和への動き

　1947年，国連貿易雇用会議（United Nations Conference on Trade and Employment）がハバナ（キューバ）で開催され，48年に「ハバナ憲章」[1]が採択された。ハバナ憲章第5章は，国際貿易に影響を与える一連の制限的商慣行に対する国際的な規制を定めていた。しかし，ハバナ憲章は不成立に終わり，ガットにはわずかにダンピングという特定の制限的取引慣行に関する規定が設けられるにとど

---

1)　第10章注2参照。

まった（第**10**章 **3** 参照）。

1953年，制限的商慣行に関する特別委員会（Ad Hoc Committee on Restrictive Business Practices）が，国連経済社会理事会（経社理）に対して，不成立に終わったハバナ憲章の第5章の規定を復活させた「国連協定草案」[2] を提出したが，これも不成立に終わった。ガットにおいても，54年以来，国際貿易に影響を与える制限的商慣行に対する国際的規制が検討されたが，60年に検討が打ち切られた。

表12- 1　アジア太平洋地域における主な競争法の整備状況（2020年現在）

制定年代	（制定年）
1980年代以前	日本（47） インド（69）（2002年制定法により廃止） オーストラリア（74）（2010年制定法の前身） 韓国（80） ニュージーランド（86） スリランカ（87年発効）
1990年代	台湾（91） モンゴル（93）（2010年制定法により廃止） タイ（99）（2017年制定法により廃止） インドネシア（99）
2000年代以降	パプアニューギニア(02)，インド（02） ラオス（04），シンガポール（04），ベトナム（04）（2018年制定法により廃止） 中国（07） マレーシア（10），モンゴル（10），パキスタン（10），オーストラリア（10） 香港（12），バングラデシュ（12） フィリピン（15） タイ（17） ベトナム（18）

出所：公正取引委員会 HP ほかより作成。

このように，多国間条約で国際貿易に影響を与える制限的商慣行を規制し，それを通じて各国の競争法の国際的調和を図ろうとする試みはいずれも失敗に終わった。これに対して，非拘束的なガイドラインを作成する試みは，制限的商慣行や多国籍企業の競争制限行為を対象として，一定の成果をおさめてきた。

国連貿易開発会議（United Nations Conference on Trade and Development. UNCTAD）は，1980 年に「制限的商慣行規制のための多国間の合意による一連の衡平な原則と規則」（原則と規則）[3] を採択し，同年末に国連加盟国に対

中国の競争法
　2008年8月に独占禁止法が施行されて以降，独占禁止法当局がこれまでに不承認の判断を下した M&A（合併と買収）は外国企業に限られている。また，カルテルの摘発においても，外国企業に多額の制裁金を科す傾向があると指摘されている。独占禁止法当局は2015年，商船三井，日本郵船，川崎汽船など国際海運8社に独禁法違反があったと認定し，日本郵船を除く7社に対して，貨物船による中国市場での2014年度売上高の4～9％に相当する合計4億700万元（約75億円）の制裁金を科すと発表した。（『日本経済新聞』（電子版）2015年12月28日，2018年8月1日）

---

2)　United Nations Draft Convention on Restrictive Business Practices.

3)　Set of Multilaterally Agreed Equitable Principles and Rules for the Control of Restrictive Business Practices.

する勧告として国連総会によって採択された。また，81年には，UNCTAD に
「制限的商慣行政府間専門家会合」(Intergovernmental Group of Experts on Restric-
tive Business Practices) が設置され，その後，96年に「競争法・政策専門家会
合」(Expert Meeting on Competition Law and Policy) と名称変更された後，さらに
97年の国連総会の決議によって「競争法・政策に関する政府間専門家会合」
(Intergovernmental Group of Experts on Competition Law and Policy) となった。

　OECD は，1961年に「制限的商慣行専門家委員会」(Committee of Experts on
Restrictive Business Practices) を設置し，87年に「競争法・競争政策委員会」
(Committee on Competition Law and Policy) に改組した後，2001年に「競争委員会」
(Competition Committee) に名称変更した。制限的商慣行については，OECD は，
1967年に「国際的通商に影響を及ぼす反競争的慣行についての加盟国間の協力
に関する理事会勧告」[4]を採択し，その後67年，73年，79年，86年，95年にこ
れを改正した。しかし，この勧告が経済のグローバル化の進展および競争法・
競争政策の急速な浸透に適合しなくなってきていた事実を踏まえて，OECD
は，競争当局間の更なる国際協力を促進し，反競争的行為による悪影響を軽減
することを目的として，現状の国際執行協力の実務に合わせて，2014年に従前
の勧告に代わる「競争法の審査および手続における国際協力に関する理事会勧
告」[5]を採択した。

　また，OECD が1976年に採択した「多国籍企業行動指針」[6]は，競争に関す
る規定を置き，多国籍企業に対してその活動する国において競争制限的な行為
を慎むことを求めていたが，これは，競争法の国際的調和を念頭に置いたもの
ではなかった。2011年の改訂においても同様である。

　(2)　二国間での取組み

　多国間条約を通じた各国の競争法の国際的調和の試みの多くが失敗に終わっ
た一方で，競争法の適用と執行に関する国際協力の分野では，二国間で「競争
法協力・共助協定」の締結がなされ，一定の成果が挙がっている。アメリカは，

---

4)　Recommendation of the Council Concerning Co-operation between Member Countries on
　　Restrictive Business Practice Affecting International Trade.

5)　Recommendation of the OECD Council Concerning International Co-operation on Competition
　　Investigations and Proceedings.

6)　OECD Guidelines for Multinational Enterprises.

1976年に西ドイツとの間で制限的商慣行に関する相互協力についての協定を締結したのを皮切りに，各国と競争法協力・共助協定を締結している。近年では，複数国の競争法に抵触する事案などが増加するなど，競争当局間の協力・連携の強化の必要性が高まり，アメリカだけでなく，主として先進国の間で同様の協定を締結する例がふえている。

　2020年11月現在，日本は3の二国間の「反競争的行為に係る協力に関する協定」（独占禁止協力協定）と競争に関する規定をもつ16の経済連携協定（EPA. 第10章5参照）を締結している。

3　1990年代以降の多国間での取組み

　1990年代以降，競争法の国際的調和に関して，新たな動きが登場している。社会主義体制から市場経済体制への移行国や開発途上国を中心に競争法を新たに制定する動きが活発化するとともに，1990年代後半に急増している自由貿易協定／経済連携協定で競争法についての実体法上の原則やルールを定める例が出てきている（本節2(2)参照）。これに加えて，WTOやOECDなど，多国間の場で競争法の国際的調和を進めようとする動きも出てきた。

　(1)　WTO

WTOでは，ウルグアイ・ラウンド以降，競争法の国際的調和の国際交渉が提唱され，重要な国際的課題として登場した。1996年のシンガポールWTO閣僚会議の結果，「貿易と競争政策の相互作用についての作業部会」（Working Group on the Interaction between Trade and Competition Policy. WGTCP）が設置された。しかし，一部の開発途上国と先進国との間で意見の対立だけでなく，先進国間や開発途上国間においても意見が対立し，2004年の一般理事会はこの分野をドーハ・ラウンドの議題に含めないことを決定した。この結果，作業部会は活動を停止し，WTOにおいて競争法の国際的調和を図る試みは失敗した。

　(2)　OECD

OECD競争委員会での議論を踏まえ，OECD理事会は，次のような勧告を採択した。

　—1998年「ハードコア・カルテルに対する効果的な措置に関する理事会勧告」[7]。2019年改正。

---

　7)　Recommendation of the Council Concerning Effective Action against Hard Core Cartels.

—2005年「合併審査に関する理事会勧告」[8]。

—2009年「競争評価に関する理事会勧告」[9]。

—2012年「公共調達における入札談合撲滅に関する理事会勧告」[10]。

(3)　アジア太平洋経済協力（APEC）

1989年に発足したアジア太平洋経済協力（Asia-Pacific Economic Cooperation. APEC）は，競争政策分野における地域協力として，1995年に採択した「大阪行動指針」[11]において「競争政策分野」を取り上げ，96年にこれに基づいて「APEC マニラ行動計画」[12]を採択した。APEC では，経済委員会（Economic Committee. EC）傘下の競争政策・競争法グループ（Competition Policy and Law Group. CPLG）が，域内における競争法・競争政策の推進を目的として，競争関連当局間での議論や情報交換，競争法の普及啓蒙，競争法に関する技術支援などを行っている。

(4)　国際競争ネットワーク

国際競争ネットワーク（International Competition Network. ICN）は，アメリカが2001年に，WTO や OECD などの既存の国際機関の枠外で競争法分野の新たな国際協力の枠組みとして立ち上げた各国・地域の競争当局を中心としたネットワークであり，20年6月末現在，129カ国・地域から140の競争当局が参加している。ICN には，競争当局のほか，国際機関や研究者，弁護士などが，非政府アドバイザー（Non-Governmental Advisors. NGA）として参加している。

ICN 作業部会が策定した指導原則（Guiding Principles）や優れた慣行（Good Practice）は法的拘束力をもたないが，作業部会が各テーマについて各国の法令や政策・慣行を調査・検討し，非政府アドバイザーの意見も踏まえて最もふさわしいと評価する内容を取りまとめたものとしての重みをもっている。参加国が自発的にそれらを採用・参照することを通じて，競争法・競争政策の実体規定と手続の緩やかで漸進的な収れんが進むことが期待されている。

---

8)　Recommendation of the OECD Council on Merger Review.
9)　Recommendation of the OECD Council on Competition Assessment.
10)　Recommendation of the OECD Council on Fighting Bid Rigging in Public Procurement.
11)　Osaka Action Agenda: Implementation of the Bogor Declaration. OAA.
12)　Manila Action Plan for APEC. MAPA.

⑸　東アジア競争政策トップ会合および東アジア競争法・政策カンファレンス

「東アジア競争政策トップ会合」および「東アジア競争法・政策カンファレンス」は，東アジア地域において競争法・政策の効果的な執行・導入に向けた共通の認識を醸成することなどを目的として，公正取引委員会（日本）の提唱により設立・開催されている会合である。

2　課税

1　国際的二重課税と租税条約

租税条約とは，国家間における課税権の調整（とくに国際的二重課税の防止）や，国際的租税回避の防止などを主要な目的として締結される条約である。課税においては，対象者の居住地がどこにあるかが出発点となる。国によって居住地に関する基準が異なることから，所得課税（所得税・法人税）および資産課税（相続税・贈与税）の分野において，複数の国が同一の法人（納税義務者）の居住地を自国と認定し，居住地管轄に基づいて，同一の所得・財産に対して課税することによって国際的二重課税が生ずることがあり，所得課税の分野でとくに問題となっている。その防止は，国内的立法措置によっても可能であるが，各国の国内法において，何が国内源泉所得であるかを決めるルール（Source rule．ソース・ルール）などが異なる場合には，二重課税は排除されずに残ることになる。そこで，ソース・ルールなどを統一してその余地を少なくするとともに，外国税額控除などの国際的二重課税排除措置の方法と範囲，国際的租税回避の防止，両国間の税務協力などについて定めるために，租税条約が締結される。

このほか，条約締結国の居住者以外の第三者が締約国内に法人を設立して当該条約の恩恵に浴しようとする条約漁り（Treaty shopping）の問題が，租税条約においても生じており，第三国の居住者が租税回避目的で租税条約を利用する国際的租税回避の一類型として，国内法や租税条約の改正などによる対応が必要となっている。

2　モデル租税条約

租税条約の統一をめざして，主に先進国間の租税条約のモデルとして

「OECD モデル租税条約」[13)が，先進国と開発途上国の間の租税条約のモデルとして「国連モデル租税条約」[14)が，各々策定されている。

(1) OECD モデル租税条約

1963年，OECD は，租税条約の内容を調和・収れんさせることをめざして，OECD モデル租税条約を公表した。OECD はその後，主要国の税制や租税条約の動向を踏まえて，適宜これを改訂し，直近では2017年に改訂されている。OECD モデル租税条約は，経済力の対等性などを前提とした内容となっており，OECD 加盟国を中心に，租税条約を締結する際のひな型となっている。OECD 加盟国である日本も，OECD モデル租税条約に沿った規定を採用している。

2017年の改訂では，BEPS プロジェクト（本節4(1)コラム参照）の成果（主として行動2，行動6，行動7，行動14）が反映されている。

(2) 国連モデル租税条約

OECD モデル租税条約が先進国型であり，開発途上国の立場を考慮していなかったことから，国連は，1979年に開発途上国の立場を取り入れた国連モデル租税条約を作成・発表した。国連モデル租税条約は，OECD モデル租税条約を基礎として，それに一部修正を加えた内容であった。

国連モデル租税条約は，2001年版を経て，現在は2017年版が公表されている。現行の2017年版では，国際課税の政策分野における発展を考慮して，税源浸食，租税回避，脱税の抑制を目的とする一連の条文などが置かれている。

3 日本の租税条約の締結状況

日本は，1954年にアメリカとの間で初めて租税条約を結んで以来，2020年11月現在，65の租税条約を締結し，74カ国・地域との間に適用されている。このほかに，租税に関する情報交換を主たる内容とする情報交換協定や税務行政執行共助条約（本節5(1)(2)参照）などが締結されている（図12-1）。

近年，日本は，中東など資源国との新規締結や先進国との改正，国際的な脱税および租税回避行為の防止に資する情報交換を主体とした租税協定の締結を

---

13) Model Double Taxation Convention on Income and on Capital.
14) United Nations Model Double Taxation Convention between Developed and Developing Countries.

図12-1　日本の租税条約 (2020年12月1日現在)

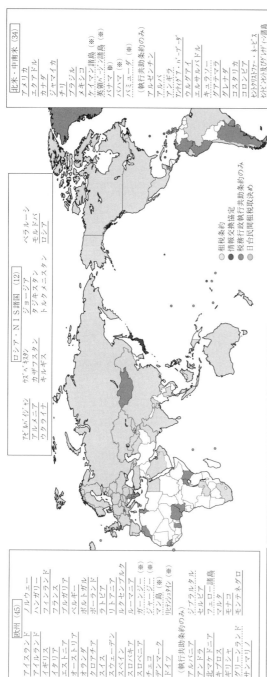

北米・中南米 (34)		ロシア・NIS諸国 (12)		アジア・大洋州 (27)	

欧州 (45)

アイスランド　ノルウェー
アイルランド　ハンガリー
イギリス　フィンランド
イタリア　フランス
エストニア　ブルガリア
オーストリア　ベルギー
オランダ　ポルトガル
クロアチア　ポーランド
スイス　ラトビア
スウェーデン　リトアニア
スペイン　ルクセンブルク
スロバキア　ルーマニア
スロベニア　ガーンジー (※)
チェコ　ジャージー (※)
デンマーク　マン島 (※)
ドイツ　リヒテンシュタイン (※)
（執行共助条約のみ）
アルバニア　ジブラルタル
アンドラ　セルビア
北マケドニア　フェロー諸島
キプロス　マルタ
ギリシャ　モナコ
グリーンランド　モンテネグロ
サンマリノ

アフリカ (14)

エジプト　ザンビア　南アフリカ
（執行共助条約のみ）
ウガンダ　ケニア　ナイジェリア
ガーナ　セネガル　モーリシャス
カーボベルデ　チュニジア　モロッコ
カメルーン

中東 (9)

アラブ首長国連邦　クウェート
イスラエル　サウジアラビア
オマーン　トルコ
カタール
（執行共助条約のみ）
バーレーン　レバノン

ロシア・NIS諸国 (12)

アゼルバイジャン　ウズベキスタン
アルメニア　カザフスタン
ウクライナ　キルギス

ジョージア　ベラルーシ
タジキスタン　モルドバ
トルクメニスタン　ロシア

アジア・大洋州 (27)

インド　シンガポール　ニュージーランド　フィリピン　マレーシア
インドネシア　スリランカ　パキスタン　ブルネイ　サモア (※)
オーストラリア　タイ　バングラデシュ　ベトナム　マカオ (※)
韓国　中国　フィジー　香港　台湾 (注3)
（執行共助条約のみ）
クック諸島　ニウエ　モンゴル
ナウル　ニューカレドニア　
　　　　　バヌアツ
　　　　　マーシャル諸島

北米・中南米 (34)

アメリカ
エクアドル
カナダ
ジャマイカ
チリ
ブラジル
メキシコ
ケイマン諸島 (※)
英領バージン諸島 (※)
バミューダ (※)
パナマ (※)
バハマ (※)
（執行共助条約のみ）
アルゼンチン
アルバ
アンギラ
アンティグア・バーブーダ
ウルグアイ
エルサルバドル
キュラソー
グアテマラ
グレナダ
コスタリカ
コロンビア
セントクリストファー・ネービス
セントビンセント及びグレナディーン諸島
セントルシア
ターコス・カイコス諸島
ドミニカ共和国
バルバドス
ベリーズ
ペルー
モンセラット

● 租税条約
● 情報交換協定
● 税務行政執行共助条約のみ
● 日台民間租税取決め

注1）税務行政執行共助条約が多国間条約であること、旧ソ連・旧チェコスロバキアとの条約が複数国へ承継されていることから、条約などの数と国・地域の数が一致しない。
注2）条約などの数および国・地域数の内訳は以下のとおり。
・租税条約：65本、74カ国・地域
・情報交換協定：11本、11カ国・地域 (※)
・税務行政執行共助条約：締約国は日本を除いて109カ国・地域（適用拡張地域名に点線）。適用拡張により127カ国・地域に適用（国名に下線）。このうち日本と二国間条約を締結していない国・地域は55カ国・地域。
・日台民間租税取決め：1本、1地域。
注3）台湾については、国内実施のための法令に基づき、全体として租税条約に相当する枠組みを構築。
出所：財務省HPより抜粋、一部修正。

進めている。とくに，ニュージーランドやアメリカなどの先進国との改正では，相互協議の開始から一定期間が経過しても事案が解決されない場合に，税務当局以外の第三者の関与を得て解決を促すための仲裁制度を導入するとともに，投資所得（配当，利子など）に対する源泉地国における課税を軽減または免除する内容になっている。

4　租税回避

(1)　プロローグ

　租税回避とは，私法上の形成可能性・選択可能性を利用することにより，課税要件の充足を免れ，租税を回避する行為のことである。納税義務は，私法上の取引や行為から生ずるが，私的自治の原則・契約自由の原則の支配する私法の世界では，ある経済的効果を実現する場合に，いかなる法律形式を用いるかについて選択の余地がある。このような選択可能性を利用することにより，結果的には同一の経済的効果を実現しながらも，課税要件の充足を免れることが，租税回避である。租税回避は，私法上の形成可能性・選択可能性を利用するものである点で，租税法規の定めるところに従って税負担の軽減を図る行為である「節税」と区別され，また，課税要件の充足を免れるものである点で，課税要件の充足を秘匿する行為である「脱税」と区別される。

　近年では，グローバルに事業を展開する企業が，法人税率の低い国の関連会社に利益を移転する手法などを使って大胆に節税している。違法ではないが，所得増税や歳出削減など国民に負担を強いるかたちで財政健全化を進める欧米各国から批判が高まっている。このほか，とくに地理的移動性（可動性）の高い経済活動（金融やサービス産業など）を自国に誘致す

グローバル企業／多国籍企業のタックス・プランニング（Tax planning. 租税軽減計画）と「税源浸食と利益移転」（Base Erosion and Profit Shifting. BEPS）

　アメリカのアップル，スターバックス，アマゾン・ドット・コムなどは，アイルランド，オランダ，スイスなど法人税率が低い国に置いた関連会社に利益を移転するなどして大胆に節税している。近年，このような国際的タックス・プランニングによって，利益がどの国でも課税されず，各国の法人税収が失われているという認識が広がり，欧米各国では，このような企業の節税行為に対する批判が高まっている。企業の行き過ぎた節税を防止するために，OECDが2012年に立ち上げたBEPSプロジェクトでは，G20（財務大臣・中央銀行総裁会議）の要請により15項目の「BEPS行動計画」が策定され，15年に最終報告書がとりまとめられた。
行動1：電子経済の課税上の課題への対処
行動2：ハイブリッド・ミスマッチ（金融商品や事業体に関する複数国間における税務上の取扱いの差異）取極めの効果の無効化
行動3：外国子会社合算税制の強化
行動4：利子控除制限ルール
行動5：有害税制への対抗
行動6：租税条約の濫用防止
行動7：恒久的施設認定の人為的回避の防止
行動8-10：移転価格税制と価値創造の一致
行動11：BEPSの規模・経済的効果の分析方法の策定
行動12：義務的開示制度
行動13：多国籍企業の企業情報の文書化
行動14：相互協議の効果的実施
行動15：多数国間協定の策定
（『日本経済新聞』（電子版）2016年10月31日ほか）

144

るために各国が行う有害な租税優遇措置（Harmful preferential tax regimes／ Harmful preferential regimes）やタックスヘイブンを通じた有害な租税競争（Harmful tax competition）の問題も，OECD や EU で議論されるようになっている。

(2) 国内法による租税回避への対応

国内法による租税回避への対応としては，タックスヘイブン対策税制，移転価格税制，過少資本税制，過大支払利子税制などがある。

タックスヘイブン（Tax haven，租税回避地）とは，もともとは，船が嵐を避けるために haven（避難港）を用いるように，納税者が高率な租税を避けるために用いる国・地域を意味したが，今日では，租税がまったく課されないか，または，課されてもきわめて低い税率であるような国・地域をいい，租税回避地，租税避難地ともよばれる。各国は国内法において，タックスヘイブン対策税制を置き，タックスヘイブンを利用した国際的租税回避に対処している。

一般的に，移転価格税制とは，親子会社・兄弟会社などの関連企業の間で，相互に独立した当事者の間の取引において通常設定される対価（独立企業間価格）と異なる対価で取引が行われた場合に，独立企業間価格で取引が行われたものと見なして課税を行う制度である。企業内部で政策的に決定される価格操作（Transfer pricing，トランスファー・プライシング，移転価格政策）によって，企業が，各国の税率の差，とくにきわめて税率の低いタックスヘイブンを利用して，企業グループ全体として租税を最小限にする租税回避行為を防止することを目的としている。OECD 租税委員会は，1995年に「OECD 移転価格ガイドライン」[15]を策定し，それ以降は，経済活動のグローバル化の進展に伴う国際的取引の増加，取引内容の複雑化を踏まえて適宜これを改訂・公表してきた。直近では，主として BEPS プロジェクトの結果行われた変更事項をまとめた

OECD/G20によるタックスヘイブン対策

OECD は，有害税制やタックスヘイブンなどの有害な租税競争への取組みには，非加盟国を含めた国際協力が不可欠との認識のもと，1996年に租税委員会（Committee on Fiscal Affairs，CFA）が「有害な租税競争プロジェクト」を開始した。98年，OECD は，『有害な税の競争：新しいグローバル・イシュー』（*Harmful Tax Competition: an Emerging Global Issue, April 1998*）を公表し，タックスヘイブンを識別するための定義として，①実効税率がゼロか名目的であること，②効果的な情報交換の欠如，③透明性の欠如，④実質的活動がないこと，という四つの指標をたてた。2000年に設置され，09年4月の G20ロンドン・サミット首脳声明を受けて拡充された「税の透明性と情報交換に関するグローバル・フォーラム」（Global Forum on Transparency and Exchange of Information for Tax Purposes）は，20年2月現在，いわゆるタックスヘイブンを含む161の国・地域が参加し，税務当局間における租税の情報交換に関する取組状況について，各国は法制および

15)　OECD Transfer Pricing Guidelines for Multinational Enterprises and Tax Administrations.

2017年版が公表されている。OECD 移転価格ガイドラインは，法的拘束力をもつものではないが，OECD 加盟国の最先端の税制や租税条約の内容を反映して策定され，適宜に改訂された文書として，多くの国の税制や租税条約で参照されている。

過少資本税制は，内国法人が海外の関連会社から資金提供を受ける際に，出資に代えて過大な貸付を受け入れることにより税負担を軽減しようとする企業の租税回避を防止するために，出資と貸付の比率が一定割合をこえる場合に，そのこえる部分に対応する支払利子の損金算入を認めない制度である。

過大支払利子税制は，過大な支払利子を損金に計上することで，税負担を圧縮しようとする租税回避行為に対して，支払利子の損金算入を制限するものであり，近年では各国は，措置を強化する傾向にある。

執行の両面からピア・レビュー（相互審査）を行なっている。

2016年４月，中米パナマの法律事務所から大量の機密文書（いわゆるパナマ文書）が流出し，大企業や富裕層に加えて各国首脳を含む指導者らによるタックスヘイブンの利用実態が明るみになったことを受けて，OECD／G20は16年に新たなタックスヘイブン判定基準となる「税の透明性に関する非協力的法域を特定するための客観的基準」（objective criteria to identify non-cooperative jurisdictions with respect to tax transparency）を策定し，18年にはこれを改訂した「税の透明性基準を満足に実施していない法域を特定するための客観的基準」（Objective Criteria to Identify Jurisdictions that have not Satisfactorily Implemented the Tax Transparency Standards）を策定した。

5　国際的な租税回避行為に対する国際社会の取組み

⑴　租税条約などに基づく情報交換

近年の世界経済の急速な減速に伴い，脱税および租税回避行為を防止して適切に税収を確保する観点から，租税に関する実効的な情報交換に消極的とされる国および地域との間で租税に関する情報交換の枠組みを整備・拡充することの重要性が増している。このような情勢において，OECD は，2002年に「OECD モデル租税情報交換協定」[16]を策定し，各国がこれを利用してタックスヘイブンとの間の租税に関する情報交換のための法的枠組みを整備するよう奨励している。09年の G20ロンドン・サミット首脳声明において，租税情報の交換に非協力的な国・地域に対し制裁措置を講ずる用意があることが表明されたことなどから，これ以降，各国間で既存の租税条約の情報交換規定の改正が進められた。OECD モデル租税情報交換協定に沿ったかたちでの租税に関する

---

15)　OECD Transfer Pricing Guidelines for Multinational Enterprises and Tax Administrations.

16)　Agreement on Exchange of Information on Tax Matters. Tax Information Exchange Agreement. TIEA.

146

情報交換の枠組みを定める協定を新規に締結する動きが加速している。

(2) 税務行政執行共助条約

とくに近年では，国境を越える経済取引，企業の海外進出形態の複雑化・多様化などが進むなか，国際的な脱税および租税回避行為に対処するため，各国の税務当局間の相互行政支援のためのネットワークを拡充する必要性が増大している。1988年，欧州評議会（Council of Europe. 第9章1.3コラム参照）閣僚委員会とOECD理事会は「税務行政執行共助条約」[17]を作成し，この条約は95年4月に発効した。その後，OECDは，加盟国のみならず，すべての国に門戸を開放するために，2010年に「税務行政執行共助条約改正議定書」[18]を作成し，これが11年に発効した。条約と改正議定書は，各国の税務当局間における租税に関する情報交換，徴収共助および送達共助の枠組みなどについて定めている。

日本は，2011年のG20カンヌ・サミット（フランス）において，税務行政執行共助条約と税務行政執行共助条約改正議定書に署名し，条約・改定議定書は13年10月から日本について発効している。

(3) BEPS防止措置実施条約

「BEPS防止措置実施条約」[19]は，BEPSプロジェクトにおいて策定されたBEPS防止措置のうち租税条約に関連する措置について，締約国間の既存の租税条約に導入することを目的として，OECD/G20において策定作業が進められ，2016年に採択された。導入可能なBEPS防止措置は，①租税条約の濫用などを通じた租税回避行為の防止に関する措置，および，②二重課税の排除など納税者にとっての不確実性排除に関する措置であり，BEPSプロジェクトの行動計画（行動1，6，7および14）に関して，最終報告書が勧告する措置が含まれている。各締約国は，既存の租税条約のいずれを条約の適用対象とするかを任意に選択することができ，また，条約に規定する租税条約に関連するBEPS防止措置の規定のいずれを既存の租税条約について適用するかを所定の制限の下で選択することができる。日本は，17年にBEPS防止措置実施条約に署名し，条約は19年に日本について発効している。

---

17) Convention on Mutual Administrative Assistance in Tax Matters.
18) Protocol amending the Convention on Mutual Administrative Assistance in Tax Matters.
19) Multilateral Convention to Implement Tax Treaty Related Measures to Prevent Base Erosion and Profit Shifting.

第13章　国際経済(4)──経済犯罪・企業犯罪と法

1　企業の経済犯罪

1　経済犯罪の意義

　経済犯罪（Economic crime）とは，経済取引の場において活動する人びとが，その職務の遂行上，自己または第三者の利益をはかって行う不正な行為で，刑法その他の刑罰法規に触れるものである。かつては，経済犯罪は，戦時および戦後の経済統制法規に反する行為を意味していたが，現在では，企業活動や経済取引に関わる犯罪を広く含み，詐欺，横領，背任，汚職などの古くから存在する犯罪はもとより，近時ではとくに，金融機関を舞台とする犯罪，自由で公正な競争原理に基づく取引を害する犯罪（第12章1参照），知的財産権を侵害する犯罪，証券など金融商品の取引に関する不正な市場操作やインサイダー取引，マネー・ロンダリングなどの犯罪，これらの手段として犯される各種文書やクレジットカードの偽造，コンピュータやインターネットの悪用などの犯罪が登場している。

2　今日の経済犯罪の現状と特徴

　グローバル化が進行する現代社会における経済犯罪の大きな特徴のひとつとして，犯罪が組織的に敢行されるということがある。企業犯罪などはそのような組織的に行われる典型であるが，このような場合には，被害も大規模化し，経済にも多大の悪影響をおよぼす。この点で忘れてはならないのは，いわゆる「犯罪組織」の関与である。犯罪組織は，麻薬・人の密輸・銃器の売買といった非合法な活動に従事するのみならず，会社経営にも乗りだし，巧妙に合法な経済取引を装って，経済犯罪の分野でも多額の不法な利益を得ている。国連は，2000年から2001年にかけて「国際組織犯罪防止条約」[1]とその三つの議定書[2]

を採択した（第9章**1.3**(2)参照）。

2 マネー・ロンダリング

1 マネー・ロンダリングの意義

マネー・ロンダリング（Money laundering）とは，薬物取引などの犯罪行為によって不正に得た資金（犯罪収益）を，金融機関などを利用して浄化し，その起源を隠蔽し，合法的な資金に偽装して，捜査機関による収益の発見や犯罪の検挙を逃れようとする行為であり，「資金洗浄」・「資金浄化」などと訳されている。マネー・ロンダリングは，犯罪収益を再び犯罪行為に投資する過程で頻繁に利用されており，従来から薬物犯罪などの組織犯罪撲滅のためには，その禁圧が重要な課題であった

ナイジェリア人らによる国際的な多額詐欺事件

2008年，ナイジェリア人犯罪組織は，アメリカ国内の銀行に対し，某国立銀行総裁名の偽造の送金指示書を利用して，同国立銀行名義口座から日本，韓国など7カ国の銀行口座に合計約28億円を送金させた。日本国内に居住するナイジェリア人，ガーナ人および日本人の男女らは，自らを代表者とする会社名義で開設した日本国内の複数の口座に送金された約9億8,000万円について，銀行担当者に対し貿易取引による代金などと虚偽の説明をして引き出した。（警察庁JAFIC『2010年　年次報告書』ほか）

（第9章**2**参照）。国連などの調査によれば，世界のGDPの2～5パーセント，金額にして毎年8,000億ドルから2兆ドルにのぼる犯罪収益が洗浄されているといわれる。

2 国際社会におけるマネー・ロンダリング対策の進展

(1) 国際的な麻薬対策としてのマネー・ロンダリング対策

1980年代までの麻薬汚染の国際的な広がりの要因のひとつとして，麻薬の生産と消費の連環をなす国際的な薬物密売組織の存在があった。当時の国際社会は，こうした国際的な不正取引を統制する組織に対して，密造・密売収益の没収やマネー・ロンダリングの取締りを行うことで，その目的を阻止することが重要であると考えた。1988年に採択された「国連麻薬取引禁止条約」[3]は，薬物犯罪による収益の隠匿などの行為の犯罪化や，これを剥奪するための制度の構築を締約国に義務づけることで，国際社会の一致した取組みを鮮明にした

---

1) 第9章注4参照。
2) 第9章注5，6および7参照。
3) 第9章注17参照。

（第**9**章**2.3**(1)参照）。さらに，89年のＧ７アルシュ・サミットでは，先進主要国を中心とする金融活動作業部会（Financial Action Task Force. FATF. ファトフ）の設立が決められ，マネー・ロンダリング対策における国際協力の必要性が合意された。

(2)　国際組織犯罪対策・テロ対策としてのマネー・ロンダリング対策

　1990年代には，組織犯罪の国際的な広がりが国家の安全を脅かす存在として認識され，国連を中心として条約の検討が行われた。また，国内でマネー・ロンダリングやテロ資金に関する資金情報を一元的に受理・分析し，捜査機関などに提供する単一の政府機関である資金情報機関（Financial Intelligence Unit. FIU）の交流，情報交換などの促進を目的とした非公式なフォーラムとして，主に欧州主要国およびアメリカの FIU を中心的なメンバーとする「エグモント・グループ」（Egmont Group）が1995年に発足した。2007年５月に開催されたバミューダ年次会合では，エグモント・グループ憲章が採択されたほか，カナダに常設の事務局が設置されている。20年７月現在，エグモント・グループには，165カ国・地域の FIU が参加している。日本は，2000年２月施行の組織的犯罪処罰法に基づき，金融庁に日本版 FIU として特定金融情報室が設置されたことを踏まえ，エグモント・グループへの加盟申請を行い，同年加盟が承認された。その後，07年４月の犯罪収益移転防止法の施行により，FIU の機能を国家公安委員会が担うことになったことに伴い，日本は，同年，改めてエグモント・グループへの加盟が承認された（本節**5**参照）。

3　金融活動作業部会（FATF）

(1)　プロローグ

　金融活動作業部会（FATF）は，マネー・ロンダリング対策における国際協調を推進するために，1989年のＧ７アルシュ・サミットを受けて設立された政府間会合であり，OECD 内に事務局が置かれている。2001年９月のアメリカ同時多発テロ事件発生以降は，テロ資金供与に関する国際的な対策と協力の推進にも指導的役割を果たしている。20年７月現在，FATF への参加国・地域および国際機関は，OECD 加盟国を中心に，37カ国・地域および二つの国際機関（欧州委員会〈EC〉と湾岸協力理事会〈Gulf Cooperation Council. GCC〉）である。

150

⑵　FATF「40の勧告」

　1990年，FATF は，マネー・ロンダリング対策のために各国が法執行，刑事法制および金融規制の各分野でとるべき措置を「40の勧告」[4]としてまとめ，提言した。FATF は，95年のハリファクス・サミットでの動きに呼応して，96年，「40の勧告」を一部改訂し，前提犯罪（不法な収益を生みだす犯罪であって，その収益がマネー・ロンダリング行為の対象となるもの）を従来の薬物犯罪から重大犯罪に拡大した。その後も，FATF は，世界的なマネー・ロンダリングの方法・技術の巧妙化・複雑化を踏まえ，2003年に本人確認などの措置をとるべき事業者の範囲を拡大することを内容とする「40の勧告」の再改訂を行った。FATF 勧告は，IMF ／世界銀行が行うマネー・ロンダリング対策およびテロ資金対策に関する各国審査（Financial Sector Assessment Program. FSAP. 金融セクター評価プログラム）においても基準とされるなど，現在では，マネー・ロンダリング対策およびテロ資金対策に関する国際的基準となっている。

⑶　FATF「9の特別勧告」

　2001年9月のアメリカ同時多発テロ事件発生後に出された「7カ国財務大臣・中央銀行総裁会議声明」（2001年10月6日）を受けて，FATF は，同年10月に，テロ資金対策に関する特別会合を開催し，マネー・ロンダリング対策の対象分野にテロ資金対策を含める必要があるとして，各国が採用すべき政策項目としてテロ資金供与の犯罪化やテロリストに関わる資産の凍結措置などを含む「8の特別勧告」[5]を策定・公表した。04年には，国境を越える資金の物理的移転を防止するための措置に関する項目が追加され，「9の特別勧告」[6]となった。

⑷　2012年「FATF 勧告」

　「40の勧告」が対象とするマネー・ロンダリング対策と「9の特別勧告」が対象とするテロ資金供与対策は密接に関係していたことから，FATF は，2012年，この二つの勧告を統合して，双方の対策をカバーする新たな「FATF 勧告」[7]（新「40の勧告」）を公表した。これは，大量破壊兵器の拡散や腐敗などの脅威にも，限りある資源を効果的に配分して的確に対処することなどを目的と

---

4)　Forty Recommendations.
5)　Eight Special Recommendations on Terrorist Financing. テロ資金供与に関する8の特別勧告。
6)　Nine Special Recommendations on Terrorist Financing. テロ資金供与に関する9の特別勧告。
7)　FATF Recommendations.

していた。この勧告では，「新たな脅威への対応」として，腐敗行為防止の観点から，重要な公的地位を有する者（Politically Exposed Persons. PEPs）の定義を拡大して，外国だけでなく国内のPEPsなどに関しても，金融機関などによる厳格な顧客管理を求めた。また，税犯罪をマネー・ロンダリングの前提犯罪とすることを求めることなども盛り込まれている。この新「40の勧告」は，適宜改訂され，直近では20年に改訂されている。2018年の改訂では，仮想資産（Virtual asset）と仮想資産サービスプロバイダー（Virtual asset service providers. VASPs）が追加された。

4　アジア太平洋マネー・ロンダリング対策グループ

「アジア太平洋マネー・ロンダリング対策グループ」（Asia Pacific Group on Money Laundering. APG）は，アジア太平洋地域のFATF非参加国・地域に対してマネー・ロンダリング対策を促進するため，1997年に設立された国際協力の枠組みである。2020年7月現在，APGには，41カ国・地域が参加している。APGは，FATF型の地域体として，参加国・地域における法制度，法執行体制の改革をうながすとともに，マネー・ロンダリング対策が不十分な国・地域に対しては，技術的・財政的支援を行い，その整備を推進している。また，AGPは，01年9月のアメリカ同時多発テロ事件およびFATFのテロ資金対策への任務拡大を受けて，テロ資金対策にも取り組んでいる。

5　日本のマネー・ロンダリング対策

⑴　麻薬特例法の施行

国連「麻薬新条約」の国内担保法のひとつとして，薬物犯罪から得られた収益への対策を主眼に，「麻薬特例法」が1992年に施行された（第9章2.4⑵参照）。

⑵　組織的犯罪処罰法の施行

1996年6月のFATF勧告の改訂を踏まえ，新たに「組織的犯罪処罰法」[8]が制定され，2000年2月から施行された。マネー・ロンダリングの前提犯罪が拡大されるとともに，疑わしい取引の届出の対象犯罪が薬物犯罪から重大犯罪に拡大された。また，日本の資金情報機関（FIU）を金融監督庁（のちの金融庁）に置くこととし，マネー・ロンダリング情報を一元的に集約し，整理・分析して捜査機関などに提供する仕組みがつくられた。

---

8)　組織的な犯罪の処罰及び犯罪収益の規制等に関する法律。

152

(3) 「テロ資金供与処罰法」・「金融機関等本人確認法」の施行と組織的犯罪処罰法の
　　改正

　2001年9月のアメリカ同時多発テロ事件後，日本は，当時未締結であった
「テロ資金供与防止条約」（1999年）[9]を批准するため，国内担保法として，02年
6月に「テロ資金供与処罰法」[10]を制定し，同年7月から施行された。また，
テロ資金供与処罰法の制定と同時に組織的犯罪処罰法の一部が改正され，テロ
資金供与罪が前提犯罪に追加されるとともに，テロ資金そのものが犯罪収益と
なり，金融機関などはテロ資金の疑いがある財産に関する取引についても疑わ
しい取引の届出を行うこととなった。

　さらに，テロ資金供与防止条約を実施し，あわせてFATF勧告における本
人確認の措置を法制化するため，「金融機関等による顧客等の本人確認等に関
する法律」が2002年に制定され，03年1月から施行された。この法律は，04年
12月に改正され，「金融機関等による顧客等の本人確認等及び預金口座等の不
正な利用の防止に関する法律（金融機関等本人確認法）」に改められた。また，
マネー・ロンダリングとテロ資金対策のための国際的な要請を受けて，06年9
月公布の改正金融機関等本人確認法施行令・施行規則（08年3月以降は犯罪収益
移転防止法）に基づいて，07年1月以降，10万円をこえる現金送金などを行う
際に，金融機関に対し送金人の本人確認などが義務づけられた。

(4) 犯罪収益移転防止法と改正

　2003年にFATFが「40の勧告」を再改訂し本人確認などの措置を講ずべき
事業者の範囲を金融機関以外に拡大したことなどを踏まえ，05年11月，資金情
報機関（FIU）を金融庁から国家公安委員会（警察庁）に移管することが決定さ
れた。警察庁は，関係省庁と協力して，金融機関等本人確認法の全部および組
織的犯罪処罰法の一部を母体とした法律案を策定し，07年3月には「犯罪収益
移転防止法」[11]が成立した。07年4月，犯罪収益移転防止法は，FIUの移管な
どを内容とする部分について施行され，国家公安委員会・警察庁が，FIUとし
ての機能を金融庁から引きつぎ，これに伴い，FIUの業務を担う犯罪収益移転

---

9) International Convention for the Suppression of the Financing of Terrorism. テロリズムに対す
　る資金供与の防止に関する国際条約。
10) 公衆等脅迫目的の犯罪行為のための資金の提供等の処罰に関する法律。
11) 犯罪による収益の移転防止に関する法律。

防止管理官が，警察庁刑事局組織犯罪対策部に JAFIC（Japan Financial Intelligence Center）として設置された。また，法律が規定した本人確認などの措置を講ずべきとされる事業者の範囲の拡大などについては，08年 3 月から施行された。

犯罪収益移転防止法は，社会情勢の変化や FATF 対日相互審査などでの指摘に対応して，適宜改正されている。また，2018年からは，組織犯罪対策部の組織犯罪対策企画課に置かれた犯罪収益移転防止対策室など（犯罪収益移転防止対策室，犯罪収益情報官および国際連携対策官）が日本の FIU（JAFIC）として機能している。

3　腐敗防止

1　経済活動と腐敗

今日，多くの国では，公的機関のさまざまなレベルで汚職が起こっている。とくに，開発途上国の状況は深刻である。このような賄賂提供行為は，通常，現地国の法律によって賄賂罪として処罰されることになるはずである。しかし，現地国の法律が整備されていない，整備されていても法の執行が十分に行われていないなどの理由で，実際にはそのような取締りが不十分な場合も少なくない。他方で，国際的な商取引の場合は，外国企業の本国の刑事法が賄賂罪を設けていても，その適用対象は自国公務員への賄賂に限定され，外国公務員に対する賄賂は処罰対象になってないことも多い。また，外国公務員に対する賄賂が本国の処罰対象に含まれている場合であっても，実際にこれを立件・起訴しようとすれば証拠収集などが難しく，有効な取締りには大きな限界がある。

外国公務員に対する賄賂の取締りについて，早い時期の国際的な取組みとして，OECD が1976年に採択した「多国籍企業行動指針」[12]が挙げられる。多国籍企業行動指針は，多国籍企業に対して外国公務員に対する贈賄を慎むことを求めている。しかし，この行動指針は，多国籍企業に向けて発せられた指針であって，法的拘束力をもたず，実効性を欠くという限界があった。これに対して，国内法において，各国に先駆けて外国公務員に対する贈賄を一般的に規制

---

12)　第12章注 6 参照。

154

したのは，アメリカである。アメリカは77年，ロッキード事件を契機に，外国公務員に対する商業目的での贈賄行為を違法とする「外国腐敗行為防止法」[13]を制定した。しかし，アメリカだけが外国公務員に対する贈賄を規制する国内法を制定しても，他の先進国が同様の国内法を制定しなければ，外国公務員に対する贈賄の慣行が解消する見込みはない。かえって，贈賄を禁じられたアメリカ企業が，海外事業において，贈賄を禁じられていない他国企業よりも不利な立場に置かれることになる。そのため，海外で事業活動を展開するアメリカ企業を中心に，海外事業における公正な競争条件確保の見地から，外国公務員に対する賄賂を取り締る国際的な枠組みを構築する声が強まった。アメリカ政府は経済界・議会の意向により，次第に各国への働きかけを強化した。

2　汚職の国際化の拡大

近年の商取引の国際化は，汚職の国際化をも引き起こした。公務員に関わる贈収賄，公務員による財産の横領など腐敗に関する問題は，今日，持続可能な開発や法の支配（第**14**章参照）を危うくする要因として，も

---

13)　Foreign Corrupt Practices Act of 1977.

ロッキード事件（最高裁判決平成7年2月22日）

アメリカの大手航空機メーカー「ロッキード社」が，全日空への大型ジェット航空機売込みのため行った日本工作から起きた戦後最大の疑獄事件。内閣総理大臣であった田中角栄被告が5億円の受託収賄，外国為替及び外国貿易管理法違反で1976年に起訴され，懲役4年の実刑判決を受けた（上告中に死亡）ほか，政治家や丸紅・全日空関係者ら計16名が起訴され，ほぼ全員が一，二審で有罪判決を受けた。

この事件では，アメリカ在住の贈賄側関与者が，日本側の嘱託尋問に応じる条件として，日本で訴追されない確約を求め，不起訴の宣明が行われていた（アメリカの刑事手続で用いられている刑事免責制度）。そのため，上告審では，日本の公判手続でその適法性が争われた。最高裁判所は，憲法が刑事免責制度の導入を否定しているとまでは解されないものの，現行刑事訴訟法はこれを採用していないので，不起訴宣明により得られた嘱託尋問調書の証拠能力は否定すべきであると判断した。しかし，田中被告が運輸大臣に対し全日空に特定機種の選定購入を勧奨するよう働きかけた行為は，その職務権限に属するとし，有罪の結論は維持した。

PCI事件

2008年8月，日本の円借款事業である「サイゴン東西ハイウェイ建設計画（建設計画）」に関連して，株式会社パシフィックコンサルタンツインターナショナル（PCI社）の前社長ら関係者4名が不正競争防止法違反（外国公務員贈賄）の容疑で逮捕され，同月，法人としてのPCI社とあわせて起訴された。同年11月11日，初公判が行われた。公判では，PCI側は，ホーチミン市（ベトナム）東西ハイウェイ水環境業務管理局長に対し，PCI社が同管理局発注に関わる建設計画のコンサルタント業務を受注した謝礼などの趣旨で，03年12月に現金60万ドルを供与し，さらに06年8月にも同様の趣旨で現金22万ドルを供与したなどとする起訴事実を認めた。09年3月，PCI社および被告4名に対する執行猶予付の有罪判決が確定した。

日本におけるPCI事件の公判と並行して，ベトナムにおいても，首相グエン・タン・ズン（Nguyen Tan Dung）の指導のもとで，建設計画をめぐる贈収賄事件の捜査が進められた。問題の局長は，2008年11月19日づけで職務停止の処分となり，公安省は同年12月に訴追手続を開始した。

国連グローバル・コンパクト（UNGC）

1999年の世界経済フォーラム（ダボス会議）の席上で国連事務総長アナン（当時）が「国連グローバル・コンパクト（UNGC）」を提唱し，2000年7月26日にニューヨークの国連本部で正式に発足した。グローバル・コンパクトは，各企業・団体が責任ある創造的なリーダーシップを発揮することによって，社会の良き一員として行動し，持続可能な成長を実現するための世界的な枠組みづくりに参加する自発的な取組みである。2015年7月末現在，約160カ国で1万3,000をこえる団体（そのうち企業が約8,300）がUNGCに署名し，「人権」・「労働」・「環境」・「腐敗防止」の4分野・10原則を軸に活動を展開している。

はや地域的な問題ではなく，すべての社会および経済に影響をおよぼす国際的な現象となっている。また，腐敗行為と組織犯罪などとの結びつきも指摘されるようになっている。2018年の「国際腐敗防止デー」(International Anti-Corruption Day) のメッセージのなかで国連事務総長は，世界経済フォーラムの推計では汚職のコストは少なくとも2.6兆ドル，世界の GDP の５％に相当し，世界銀行の推計では企業や個人は毎年１兆ドル以上の賄賂を支払っていると指摘した。

　日本企業も，アジアなど新興国での事業展開において，許認可や公共事業をめぐる激しい受注競争のなかで，不正・汚職リスクに直面しており，実際に，日本の政府開発援助（ODA）をめぐって不正腐敗事件も生じている。国連グローバル・コンパクト（United Nations Global Compact. UNGC）は，2004年のUNGC リーダーズ・サミットにおいて，10番目の原則として「腐敗防止」（企業は，強要と贈収賄を含むあらゆる形態の腐敗の防止に取り組むべきである）を追加した。

3　国際社会の取組み

(1)　プロローグ

　1990年代半ば以降，汚職対策に関する複数の国際条約が採択されている。地域的な取組みとして，1996年に米州機構（Organization of American States. OAS）が採択した米州腐敗防止条約[14]，97年に欧州連合（EU）が採択した腐敗防止条約[15]，99年に欧州評議会（Council of Europe. 第**9**章**1.3** コラム参照）が採択した腐敗に関する刑事法条約[16]と民事法条約[17]，2003年にアフリカ連合（African Union）が採択した腐敗防止条約[18]などがある。特定の地域に限定せずに，より広範囲での腐敗防止における協力の取組みとして，97年に OECD が採択した「OECD 贈賄防止条約」[19]，2003年に国連が採択した「国連腐敗防止条約」[20]が

---

14)　Inter-American Convention against Corruption. 腐敗の防止に関する米州条約。

15)　Convention on the Fight against Corruption Involving Officials of the European Communities or Officials of Member States of the European Union. 欧州共同体の職員又は欧州連合加盟国の公務員に係る腐敗の防止に関する条約。

16)　Criminal Law Convention on Corruption. 腐敗に関する刑事法条約。

17)　Civil Law Convention on Corruption. 腐敗に関する民事法条約。

18)　African Union Convention on Preventing and Combating Corruption. 腐敗の防止及び腐敗との闘いに関するアフリカ連合条約。

ある。また，2000年に採択された「国際組織犯罪防止条約」[21]には，国際犯罪組織と汚職との関係に留意して，汚職に関する規定が置かれている。

(2) OECD 贈賄防止条約

1997年に採択された OECD 贈賄防止条約は，99年に発効し，2020年11月現在，37の OECD 全加盟国と 7 の非加盟国（アルゼンチン，ブラジル，ブルガリア，コスタリカ，ペルー，ロシア，南アフリカ）がこの条約を批准している。OECD 贈賄防止条約は，全17カ条から構成され，犯罪の構成要件，外国公務員の定義，制裁，裁判権などとともに，条約の効果的な運用のための司法共助，犯罪人引渡し，各国実施状況のフォローアップなどについて規定している。この条約は，「外国公務員に対して贈賄を行った自然人と法人」を処罰の対象とし，処罰の内容は各締約国の判断に委ねている。なお，条約は贈賄を行った側のみを処罰対象としているため，相手側の外国公務員については処罰対象とならない。

OECD 贈賄防止条約および1997年改訂勧告の実施状況は，「国際商取引における贈賄作業部会」（Working Group on Bribery in International Business Transactions）によって監視されている。作業部会は，各国の国内実施法令の規定と条約の整合性についての審査（フェーズ 1 審査），各国の国内実施法令の実効性についての審査（フェーズ 2 審査），各国の国内実施法令の執行面についての審査（フェース 3 審査）を行い，2016年から主要な贈賄作業部会の横断的な課題やフェーズ 3 審査までに確認された指摘事項などの進捗に関する審査（フェーズ 4 審査）が行われている。

OECD は，2020年12月，OECD 贈賄防止条約締約国における外国公務員贈賄罪の取締りの実績（Working Group on Bribery, *2019 Enforcement of the Anti-Bribery Convention*）を公表した。これによると，条約が発効した1999年から2019年12月までの全締約国における有罪判決／刑事制裁の件数は少なくとも651名・230法人で，日本は10名・ 2 法人となっている。このような状況は，条約が実効性をもって各締約国によって実施されているとは到底いいがたいものであり，外

---

19) Convention on Combating Bribery of Foreign Public Officials in International Business Transactions. 国際商取引における外国公務員に対する贈賄の防止に関する条約。外国公務員贈賄防止条約。

20) United Nations Convention against Corruption. 腐敗の防止に関する国際連合条約。

21) 第 9 章注 4 参照。

国公務員への贈賄行為の根絶という目標の達成には程遠いといわざるをえない。

(3) 国連腐敗防止条約

　国連における腐敗防止の取組みが本格化するのは1996年のことである。この年，国連総会は，腐敗防止に関連する二つの決議を採択した。「公務員の国際行動指針」[22]は，公務員について，その職務に関連して生じる利益相反状況への対処，資産の公開，贈与の受領に関する規律，機密情報の扱い，政治活動などについての行動指針・原則を盛り込んだ。「国際商取引における腐敗防止に関する国連宣言」[23]は，国際商取引における腐敗防止のために国連加盟国がとるべき措置として，外国公務員に対する贈賄の犯罪化，賄賂を経費として法人所得から控除する制度の廃止，国際商取引の透明性を高める会計基準・慣行の確立，公務員の不正蓄財の犯罪化，国際司法共助，銀行秘密法制が捜査・取締りの障害とならないよう確保することなどを挙げた。これらの行動指針と国連宣言はともに法的拘束力をもたない国連総会決議であるが，国連加盟国の総意としてコンセンサスで採択されたことに重みがある。

　また，「国際組織犯罪防止条約」の作成交渉では，いっそう効果的に腐敗問題に対処する包括的な国際文書作成の検討が提唱されていた。これを受けて，国連は，2000年からこの検討作業を開始した。03年，国連総会は「国連腐敗防止止条約」を採択し，条約は05年に発効した。20年11月現在，187の国・機関が締結している。

　国連腐敗防止条約は，前文，本文71カ条および末文からなり，章立ては，第1章一般規定（1条〜4条），第2章防止措置（5条〜14条），第3章犯罪化および法執行（15条〜42条），第4章国際協力（43条〜50条），第5章財産の回復（51条〜59条）第6章技術援助および情報交換（60条〜62条），第7章条約の実施のための仕組み（63条〜64条），第8章最終規定（65条〜71条）である。

> **OECD 贈賄防止条約と国連腐敗防止条約の異同**
>
> 　国連腐敗防止条約は，OECD 贈賄防止条約に比べて，贈賄の取締りを強化すると同時に，開発途上国を含む多様な国連加盟国による批准を想定した内容となっている。
>
> ─外国公務員に対する贈賄の犯罪化
> ─自国公務員に対する贈収賄の犯罪化
> ─公務員による公金・資産の横領の犯罪化
> ─公務員が腐敗・横領・その他により不正蓄財し，国外に移転・秘匿された資産の本国への返還・回復
> ─条約の国内実施における締約国の広い裁量（「国内法制度のもとで実施可能な最大限度」を条件とする。）

---

22)　Code of Conduct for Public Officials.

23)　United Nations Declaration against Corruption and Bribery in International Commercial Transactions.

4　日本の取組み

⑴　OECD 贈賄防止条約の締結と国内法の整備

OECD 贈賄防止条約で義務づけられている「外国公務員などに対する不正の利益の供与」の処罰は，国際商取引における公正な競争を確保するという目的に基づくものである。これに対して，日本の刑法の贈賄罪は，日本の公務員の職務の公正さとこれに対する国民の信頼を保護法益とするものである。そのため，OECD 贈賄防止条約の外国公務員贈賄罪は，日本の刑法の贈賄罪とは保護法益を異にし，刑法の贈収賄罪の体系に属するものでないことから，日本は，条約の担保法として，不正競争防止法を改正した。日本は，1998年 9 月に改正法が成立した後，OECD 贈賄防止条約を締結し，条約は99年 2 月から日本について発効した。

外国公務員贈賄罪について，日本国民の国外犯を処罰するために，2004年に不正競争防止法が改正され，改正法の公布に合わせて，「外国公務員贈賄防止指針」が公表された。この指針は，外国公務員贈賄防止に関する企業の自主的・予防的なアプローチを支援することを目的とするもので，適宜改定され，直近では17年に改定されている。

日本による OECD 贈賄防止条約の実施状況に関して，OECD 国際商取引における贈賄作業部会は，2019年のフェーズ 4 対日審査において，前回の審査以降，17年に組織的犯罪処罰法が改正されるなど多くの進展があったとする一方で，贈賄防止のための法の執行状況はいぜんとして低調で，1999年に不正競争防止法を改正して外国公務員への贈賄に対する刑事罰を設けて以来，起訴はわずか 5 件で，処罰は12名・ 2 法人にすぎないと指摘している。日本の執行の状況は，経済規模や企業の事業活動の実態などと合致しておらず，執行の強化や執行機関の能力向上などへの対処が急務となっている。

⑵　国連腐敗防止条約への対応

日本は，2003年12月に国連腐敗防止条約に署名し，06年に締結につき国会の承認を得た。17年に条約実施のための国内法が成立し，国連腐敗防止条約は日本について発効した。

第14章　国際経済(5)──開発と法

1　はじめに

　貧困撲滅は最も重要な目的のひとつである。世界銀行によると，国際貧困線（International poverty line. IPL）である１日1.90ドル未満で生活している人が７億近くいる。極度の貧困から辛うじて脱したものの，COVID-19パンデミック，紛争，気候変動で2021年には最大１億5,000万人も増加すると推測されている。こうしたことから，開発途上国に対する開発協力は，国際社会の重要な課題になっている（本章**4**以下参照）。

2　開発途上国の立場

1　植民地体制の崩壊と法の変革

　近代の国際社会の構造を新しく変革させた原因は，第一次大戦にある。もともと国際法は国家の立場を基調にして形成されたものである。そうした国際法のなかに国際社会全体の共通利益（common interest）という概念が導入され，そのことが国際法の構造に意味をもつようになった。しかし，共通利益といっても，それは欧米の排他的な社会のものであり，アジア，アフリカは国際法の客体でしかなかった。

　こうしたなかでソビエトが成立し，資本主義圏の国際法の普遍性というものに対して疑問が呈されることになった。そして，第二次大戦後東ヨーロッパそ

の他に社会主義国が成立したことで，この問題はさらに重要になる。

　第二次大戦後のアジア，アフリカの植民地独立は，既成の秩序に対して決定的な衝撃を与えた。ラテン・アメリカは，それより1世紀前に独立していたものの経済的には自立していなかったため，アジア，アフリカの勢力に加わった。そのきっかけとなったのは国連憲章である（本書第3章）。憲章は，人民の同権と自決の原則の尊重を規定し，また国連信託統治制度と非自治地域に関する宣言を設けた。さらに，1960年に国連総会が「植民地独立付与宣言」[1]を採択して以来，独立がとくにめだってきた。これら独立国は第三世界として国際法上の主体性を確保し，国連でも最大の多数派となり，グループの比重を逆転させた。

2　国際法改革の要求

(1)　伝統的国際法に対する疑問

　こうした状況のなかで，国際社会の新しい発展に即応した国際法の発展が求められた。新興諸国（Emerging countries/nations）は伝統的な国際法の変革を迫ったのである。すなわち，国際法は植民地獲得に伴う国家間の権力闘争を一定のルールに乗せるという任務を与えられていたのであって，先進国間の利害関係を基底に形成された国際法をそのままアジア，アフリカの新興諸国とラテン・アメリカ諸国に適用することはできないのではないかという主張である。

(2)　天然資源に対する恒久的主権

　彼らはまず，「天然資源の富および資源に対する恒久主権」（Permanent sovereignty over natural wealth and resources）という新しい権利概念を持ち出した。そして1962年，国連総会は「天然資源恒久主権決議」[2]を採択した。この決議は，資源に対する主権を人民の自決権としてとらえようとする国際人権規約の流れを汲み，天然資源の恒久主権を人民および民族の権利であると規定し，この権利は国の発展と国民の福祉のために行使されなければならないとした。しかしながら，当時は開発途上国による資源に対する恒久主権の行使ということは，

---

　1)　Declaration on the Granting of Independence to Colonial Countries and Peoples. General Assembly Resolution 1514（XV） of 14 December 1960. 植民地諸国及び諸人民に対する独立付与に関する宣言。

　2)　Permanent Sovereignty over Natural Resources. General Assembly Resolution 1803（XVII）of 14 December 1962. 天然資源に対する恒久主権に関する決議。

単に一般原則を宣言したものにすぎなかった。

(3)　新国際経済秩序樹立宣言

　恒久主権の原則を根拠に国際経済秩序の変革を求める主張は，1974年の国連資源総会で頂点に達した。開発途上国の強硬派は，恒久主権の行使は自国の開発にとって不可欠の条件であり，「新国際経済秩序」（New international economic order. NIEO）樹立の有効な手段であるとし，そのためには資源保有国による一次産品の価格と流通方法の決定，多国籍企業（本書第**10**章）の規制，国有化による経営技術の習得等が必要であると主張した。

　これに対して先進国側が主権的権利の行使とそれに伴う紛争の処理は適用可能な国際法のルールに従ってなされるべきこと，さらには上記の恒久主権決議に規定されたように国有化には然るべき補償を支払うべき旨を主張し，両者が対立した。その結果，紛争に際して国内法と国際法のいずれを適用するのかを明示しないまま，すべての国が国有化および所有権の移転を含めて資源の管理権を有するとしてコンセンサスを成立させ，「新国際経済秩序樹立宣言」[3]を採択した。

(4)　経済権利義務憲章

　74年国連採択の「国家間経済権利義務憲章」[4]は，各国の固有の権利として自国の資源の自由処分権をうたっている（憲章2章2条）。しかし，国有化に伴う紛争は，当事者間で交渉，仲裁，調停，司法的裁定などを通じて解決するための合意がある場合に国際的な解決に付すことが可能であり，また国有化の場合に「妥当な」（appropriate）補償が支払われるべきことも規定した。こうして，一切の紛争処理を国内法の裁定にゆだねるべきとの主張は，開発途上国の間でも少なくなってきた。

　一方，先進国は国際法という用語の代案として

カルボ原則

　この憲章の影響もあり，長年「カルボ主義」（Calvo doctrine）を盾に母国の外交的保護権を排除し，国内法による解決と国内司法による解決を主張してきたラテン・アメリカの多くが態度を変更してきた。「投資紛争解決国際センター」（ICSID）による仲裁・調停による解決を認める世銀条約にラテン・アメリカ諸国が参加していったことは，その証拠である。すなわち，国際法で設置した施設の利用を認め，しかも司法によらない仲裁・調停をも認めたわけである。

　メキシコも旧外資法の3条にあったカルボ原則を廃止し，北米自由貿易協定（NAFTA. 現 USMCA）加盟による貿易・投資自由化を進めた。ただ，ブラジルを先頭に，ラテン・アメリカ諸国はなおアメリカに対して反発の気持ちを捨てていない。

---

3)　Declaration on the Establishment of New International Economic Order. 新国際経済秩序樹立に関する宣言。

4)　Charter of Economic Rights and Duties of States.

162

国際的義務の遵守ということを主権行使の規範として主張したが，けっきょく国際的義務の遵守は，憲章に掲げられた諸権利の行使を規律する諸原則のひとつとして追加された。

この憲章は，多数決で採決されたとはいえ，恒久主権の問題については，先進国と開発途上国との間に歩み寄りが見られた。その背景には，開発途上国側が外資導入の促進，外国企業の自国開発への活用という実際的な次元で恒久主権の原則論に固執することを開発途上国全体の本意としないという事実が存在したものと思われる。なお，これらの宣言や憲章を「ソフト・ロー」（soft law）として位置づけ，その国際法上の効力を主張する立場が次第に強くなってきた。

3　発展の権利

1　はじめに

開発の国際法は，先進国と開発途上国の経済発展の格差是正を主な目的として発展してきたが，これに関連して新しい問題も検討されるようになった。開発と人権の問題，開発と環境の問題はその例である。

2　発展の権利

「発展の権利」（Droit du développement/right to development）という言葉は，1972年にセネガルのK・ムバイエ（Kéba M'Baye）がその論文"Le Droit du développement comme un droit de l'Homme"（「人権としての発展の権利」*Revue des Droits de l'Homme,* 1972）のなかで初めて使った。そこから議論が発展して，1986年に国連が「発展の権利に関する宣言」（UNDRD）[5]を採択した。このなかで，発展の権利とは，譲ることのできない（奪うことのできない。inalienable）人権であり，この権利に基づいてそれぞれの人間とすべての人民はすべての人権と基本的自由が十分に実現できるような経済的，社会的，文化的，政治的発展に参加し，貢献しこれを享受するものと定められた（宣言1条）。また，93年の「世界人権会議」（World Conference on Human Rights）で採択された「ウィーン宣言」[6]は，UNDRD で確立された開発の権利が普遍的かつ譲ることのできない

---

5)　Declaration on the Right to Development. 発展の権利に関する宣言。
6)　Vienna Declaration and Programme of Action.

権利であり基本的人権の統合的部分であることを再確認した。

　発展の権利については，先進国はこの権利が人権である以上，権利の主体は個人であり，それぞれの国が自国民のこの権利を保障すべきであるとする一方，開発途上国は発展の権利は人民の自決の原則に基づいた集団としての人民の権利であり，先進国には開発途上国の人民のこの権利を保障する義務があると主張し，両者は対立している。

3　持続可能な開発

　1987年に「環境と開発に関する世界委員会」（World Commission on Environment and Development），いわゆる「ブルントラント委員会」（Brundtland Commission）が発表した *Our Common Future*（『地球の未来を守るために』）は「持続可能な開発」（sustainable development）なるコンセプトを打ちだし，環境と開発の両立を唱えた。

　この報告書によると，「持続可能な開発」とは「未来の世代が彼ら自身のニーズに合致させる能力を損なうことなく，現在のニーズに合致する開発」（development that meets the needs of the present without compromising the ability of future generations to meet their own needs）ということになる。こうした考え方は，その後の国連環境開発会議（United Nations Conference on Environment and Development. UNCED）で採択の「環境・開発リオ宣言」[7]や，環境関連文書のなかにも取り入れられている（第7章 1.5 参照）。

ブルントラント（Gro Harlem Brundtland）

　グロ・ハーレム・ブルントラント女史は，ノルウェーで1974年から5年間環境大臣を務め，81年には初の女性首相に就任した。「環境と開発に関する世界委員会」の委員長として「持続可能な開発」をテーマに掲げ，貧困問題の解消や社会正義の実現を提言し，地球サミット開催の原動力となった。2003年まで世界保健機関（WHO）事務局長を務め，「タバコ抑制枠組み条約」（Framework Convention on Tobacco Control. FCTC）の採択に尽力。また，環境変化に起因すると推定されるSARSやHIVなど，地球規模の疾病に対処する大胆なモデルを策定した。

　このように，開発と環境の両立が主張されるようになったことで，①発展の権利は，現在と未来の世代のニーズに衡平に合致するように充足されなければならず，また，②各国は，国連憲章と国際法の原則に従い，自国の環境と開発の政策に従って自国の資源を開発する主権的権利を有し，自国の管轄権または支配のもとにある活動が他国または国内管轄権の限界をこえた地域の環境に対して損害を惹起させない責任を有することになった。このように，開発途上国が従来主張してきた天然資源に対する主権の絶対的な行使は，次第に制限され

7)　Rio Declaration on Environment and Development. 環境と開発に関するリオ宣言。

てきている。

持続可能な開発という概念もはっきりと確立されているわけではないが，国連などの決議や宣言に織り込まれたことで，国際的な規範意識は固まりつつあるのかもしれない。

4　開発と内政不干渉原則

1970年代石油危機の後，国際通貨基金（IMF）や世界銀行（IBRD/World Bank, 国際復興開発銀行）が開発途上国向け融資の際に，受取り国に対してさまざまな条件を付すようになった。90年代に入ると，世銀は「グッド・ガバナンス」（Good governance, よい統治。コラム参照）という概念を使って，援助受取り資格の整備を求めるようになった。民主化についても条件として明示してはいないが，暗黙のうちに議会制民主主義といった制度の確立を求めている。先進各国もこれを援助供与の条件としている。これに対して，開発途上国は主権侵害，内政干渉であると反発している。供与する側の法的な論理としては，援助を行う際には援助供与国または国際機関と援助受取り国との間の交換公文（Exchange of notes）や借款協定（Loan agreement）で援助受取り国が同意するのだから干渉にはならないということであろう。とはいえ，援助受取り国は，援助供与国ないし国際機関の条件をのまなければ援助が得られないという意味で弱者の立場に立たされる。

グッド・ガバナンス

この言葉が最初に使われたのは，世銀が1989年に発表したレポート *Sub-Sahara Africa: From Crisis to Sustainable Growth* である。この言葉には一致した定義はないが，カシミーラ（Aisake Casimira, フィジー）によれば，次のようなものを含む概念である。

第一に政治的には，自由かつ公正な選挙と多数政党制による合法な政府，汚職を軽減し適正な協議プロセスを確立するための説明責任の公開（accountability），法の支配の尊重，個人の人権とくに私有財産の保護，公共部門の効率的管理である。

第二に経済的には，長期の経済成長を達成するための手段としてネオリベラルな自由市場資本主義を促進することである。このなかには，構造調整（労働改革，税制改革，規制緩和など）と結びつけて「経済改革」を実施することを含めている。こうした改革にはまた，政府部門を縮小して民間部門を育成し成長させること（法人化，民営化）のために奨励措置を講じることなども含めている。

5　開発の国際法

これまで見てきたように，開発の分野では，天然資源に対する恒久主権，開発の権利，持続可能な開発など，新たなコンセプトが主張されてきた。そのような法概念を開発途上国が主張するのは，伝統的な国際法では南北格差を解消することは不可能だと認識しているからである。こうした認識から，不平等是正を中心課題とする「開発の国際法」（International law of development）の確立ということが主張されてきた。

　開発の国際法の特徴は，次のとおりである。第一に，伝統的国際法の主権平等原則が国家間の形式的平等を意味するのに対して，「開発の国際法」では法の適用の結果として得られる果実の平等すなわち実質的平等をめざしている。したがって，国際法規範における平等の意味そのものを変更することになる。

　第二に，「開発の国際法」では実際に存在する不平等を是正するために，開発途上国に有利な法的不平等を認めるという意味で補償的不平等を認める。したがって，主権平等と相互主義を一律に適用してきた伝統的国際法に対して，「開発の国際法」では先進国に適用される規範と開発途上国に適用される規範とが二重の規範性を有することになる。

　第三に，「開発の国際法」が開発途上国の立場を参酌した補償的不平等を認めるものであるという考え方の根底には，開発の問題が開発途上国だけの問題ではなく国際社会全体の問題であると認識する「国際共同体」観念というものがある。そこから，先進国と開発途上国の連帯の必要性を認識することになる。例えば，WTO交渉における開発途上国側の態度を見ても，この問題がいかに根深いものであるかがわかる。

　さらに，近年は開発の観点が国家の経済開発から社会開発にまた国民ひとりひとりの「人間開発」（Human development）に移ってきている。また，開発の問題は人権や環境問題と関連することで複雑化してきていることもたしかである。

6　問題点

　このように，開発の国際法の理論構成がなされてきたにもかかわらず，現実はそれとは大きく遊離している。開発を急ぐ開発途上国としては，二国間交渉で実をとることになった。例えば，投資と貿易の促進等については個別的に処理するようになっているし，前出の「自由貿易協定」締結の性急ぶりもそのあらわれと見ることができる。

　このため，開発の国際法そのものの議論はやや後退してきている。開発途上国の発展段階が多様化し，開発の国際法がそれぞれのニーズに合うように対処しきれなくなっているのである。開発のパラダイム（Paradigm. 次頁コラム参照）が次つぎにつくり直される必要が出てきている今日，開発の国際法の概念そのものの再構築が必要になっているということである。例えば，国内の開発も長

期的には全人類にも責任のある問題であるという観点からすれば，環境や人口の問題についても開発の国際法に関する議論のなかでさらに論じることが必要になっているということである。

また，国際経済の決定過程に平等に参加していくことが開発の国際法の目的の実現に期待されているのと同じように，国内でも意思決定過程への国民の参加，人権や富の再配分の確保などが目的実現の前提にあるという事実も検討しなければならない。

さらに，開発の国際法の主体に関していえば，NGOs（Non-Governmental Organizations. 非政府団体／組織）の役割と存在についてさらに議論をしなければならない。そして，開発ということからすれば，開発途上国にとっても深海底，宇宙空間，南極大陸といった「人類の共同財産」（Common heritage of mankind）の開発の問題は重要であり，したがってこれらを含めて「開発の国際法」の概念を再構築する必要もある。

パラダイム

クーン（Thomas S. Kuhn）の『科学革命の構造』（*The Structure of Scientific Revolution*）によれば，パラダイムとは，科学者のコミュニティによって共有されている理論的枠組みと方法論の妥当性を保証する前提の総体である。換言すれば，人びとに広く受け入れられている業績であって，科学者が仕事をするときに問いの立て方や答えの出し方の基本となるものである。例えば，大量生産・大量消費を前提とする工業化社会では，使い捨てのライフスタイルが正統とされていた。しかし，環境問題を重視する考え方の出現で，使い捨ては反社会的なライフスタイルとなり，新しいパラダイムが必要になるというわけである。

4　開発協力国連ミレニアム目標

2000年，国連ミレニアム・サミットに参加した加盟国代表は，21世紀の国際社会の目標として「国連ミレニアム宣言」[8]を採択した。この宣言は，平和と安全，開発と貧困，環境，人権とグッド・ガバナンス（前出コラム参照），アフリカの特別なニーズなどを課題として掲げ，21世紀の国連の役割に関する方向性を提示した。そして，この国連ミレニアム宣言と1990年代に開催された主要な国際会議やサミットで採択された国際開発目標を統合し，ひとつの共通の枠組みとしてまとめられたものが2001年の「ミレニアム開発目標」（Millennium Development Goals. MDGs）である。ここには，「開発のためのグローバルなパートナーシップの推進」など，2015年までに達成すべきゴールが掲げられた。

最終報告たる2015年の『ミレニアム開発目標報告』[9]は，ODA が2000年から

---

8)　*United Nations Millenium Declaration.*

2014年の間に実質66パーセント増加したとし，同年には五つの国が引き続き
GNI（コラム参照）の0.7パーセントという国連のODA目標額を超えて開発協
力を行ったが，メンバーのODA総額はGNIの
0.29パーセントにとどまったとしている。

GNI

　GNI（Gross National Income）は国
民総所得のこと。国連勧告の93SNA
（国民経済計算体系）に基づいて，かつ
てGNP（国民総生産）という呼称を
変更したもの。GDP（国内総生産）
は国内で1年間に生産されたモノや
サービスの付加価値であり，この
GDPに居住者が海外から得た純受取
額を加えたものがGNIとなる。

　ゴールが迫る国連は，「ポスト2015開発アジェ
ンダ」（post 2015 development agenda）立上げの準備
を進めてきたところ，2015年の国連サミットは，
「持続可能な開発のための2030アジェンダ」[10]を正
式に採択した。

　持続可能な開発目標（SDGs）とは，MDGsを引き継ぎ，「2030アジェンダ」
に記された「2030年までに持続可能でよりよい世界を目指す」という国際目標
のことである。地球上の「誰一人取り残さない」（leave no one behind）ことを
誓ったものであり，したがって，SDGsは開発途上国のみならず先進国も対象
とする普遍的な目標ということになる。

5　開発協力

1　はじめに

開発援助（Development assistance）という用語は，あまり正確には使われてい
ない。開発援助は，経済協力開発機構（Organisation for Economic Co-operation
and Development. OECD）の開発援助委員会（Development Assistance Committee.
DAC）がいう政府開発援助（Official development assistance. ODA）として使われる
こともあるし，さらに開発援助という言葉には"Development aid"という英語
もある。これは，開発協力と同じ意味に使われることが多い。いずれにしても，
定義と説明が矛盾すれば混乱を来たすだけである。ここでは，開発協力と
"Development aid"という英語での開発援助を同義に使うことにする。

2　DACメンバーのODA政策

DACは，1996年上級会合で「新開発戦略」（NDS）[11]を採択した（第6章1 1(3)参

---

9)　*The Millennium Development Goals Report, 2015.*

10)　*Transforming Our World: the 2030 Agenda for Sustainable Development.*

168

図14-1　開発協力の分類

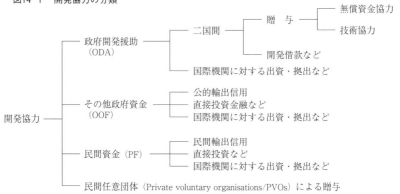

照）。これは，過去50年の開発協力の経験を分析し，その国際社会に果たした
役割と今後の必要性についてまとめたものであり，上記の国連「ミレニアム宣
言」とは密接に関係した内容になっている。

　ODA については，その量を維持・拡大して，貧困層の貧窮化の進行を阻止
し，人間開発に関する現実的な目標に向けて前進する必要があるとし，DAC
メンバーは国内問題を優先して開発努力をないがしろにすべきではないとする。
新開発戦略は，資金供与メンバー間での共通の基本的なビジョンや努力の枠組
みを提示した点で意義がある。

3　開発協力とは

(1)　定義

　少なくとも OECD がいう開発協力（development co-operation）とは，OECD
の DAC メンバーが，DAC の指定する国および地域ならびに DAC の指定する
国際機関に，経済・社会福祉の増大を目的として返済期間1年超でフローさせ
た資金の総額のことである。開発協力を分類すれば，図14-1のようになる。
このように，開発協力という用語は資金のフローを指すものであり，抽象概念
ではない。

(2)　開発協力の主体

　上の定義に基づいて論理的に説明すると，開発協力の主体は，① DAC の指
定する国・地域と，② DAC の指定する国際機関であり，②から①にフローす

---

11)　OECD. DAC, *Shaping the 21st Century: The Contribution of Development Cooperation.*

る資金は開発協力ではない。例えば，DAC メンバーたる日本が世銀に拠出した資金が開発協力になるのであって，その資金を世銀が開発途上国にフローさせても開発協力とはいわない。この例では，DAC メンバーから国際機関に対する (to) 開発協力なのであり，当該国際機関を通じる (through) 協力であっても開発協力そのものではない。そうしないと，開発協力は重複計上になる。

⑶　供与者

上の定義によれば，開発協力資金の供与者 (Giver/Donor, etc.) は，DAC メンバーであり，加盟国と 1 国際機関になる。加盟国とは日本を含む29カ国であり，国際機関とは欧州委員会 (European Commission. EC) のことである。

⑷　受取り者

開発協力資金の受取り者 (Receiver/recipient) は，DAC の指定する国・地域および DAC の指定する国際機関である。

　a．DAC の指定する国・地域

DAC は，受取り国を 1 人あたり GNI（167頁コラム参照）で受取り国・地域を次の四つに分けたリスト (List of ODA Recipients) を作成している。

　①後発開発途上国 (Least developed countries/LDCs) ―カンボジア等47カ国・地域

　②その他低所得国 (Other low income countries/LICs. 2016の 1 人あたり GNI ＜＝ ＄1,005) ―ジンバブエ等 2 カ国

　③低位中所得国・地域 (Lower middle income countries and territories/LMICs. ＄1,006～3,955) ―インドネシア等37カ国・地域

　④上位中所得国・地域 (Upper income countries and territories/UMICs. ＄3,956～12,235) ―中国等56カ国・地域

このように分ける理由は，資金供与の条件をグループごとに変えるためである。例えば，①には贈与などの ODA をフローさせ，④には条件の厳しい資金をフローさせるというようなことになる（受取り国リストは DAC 統計作業グループで 3 年ごとに改定）。

　b．DAC の指定する国際機関

ここでいう国際機関は，その任務の全部または一部を開発問題の解決にあてていると DAC が指定したものである。国連，世銀，FAO（国連食糧農業機関）

170

などがその例である（国際機関リストは上記作業グループで毎年改定）。ただし，当該機関にフローさせた資金すべてを開発協力に計上するわけではなく，DACが決めた一定の係数に基づいて算出された額を計上している。例えば，ODA供与国イタリアのローマに本部を置くFAOにフローさせた資金については，係数を52.8パーセントとして算出された額がODAとして計上される（2008年現在）。

4 ODAとは

⑴ 定　義

2018年改定の定義によれば，ODAとは，ODA受取り国のDACリストに基づく国・地域および多数国間開発機関への資金フローであって，次の条件を満たすものである。すなわち，⑴国および地方の政府を含む公的機関によりまたはその実施機関が提供するもの，ならびに⑵各取引が，開発途上国の経済開発と福祉の促進を主たる目標として行われ，かつその性質上コンセッショナル（Concessional. 譲許的）であること。コンセッショナルとは，少なくとも次の割合のグラント・エレメント（Grant element. 贈与的要素）を含む状態のことである。すなわち，

　—LDCsとその他LICsの公的部門に対する二国間借款の場合には45パーセント；

　—LMICsの公的部門に対する二国間借款の場合には15パーセント；

　—UMICsの公的部門に対する二国間借款の場合には10パーセント；

　—多数国間機関に対する借款の場合には10パーセント。

⑵ グラント・エレメントの換算例

グラント・エレメントは，表14-1のように，償還期間・据置き期間（Grace period）・金利の三つを特定の換算式に入れて算出される。

例えば，LDCまたはLICsの公的機関に供与する場合であって，条件が償還期間20年，据置き期間7年の場合，金利3.00パーセントのときは，グラント・エレメントが48.79となり，ODAに計上される。また，LMICsの公的機関に供与する場合であって，条件が償還期間10年，据置き期間3年の場合，金利7.00パーセントのときは，グラント・エレメントが12.74となり，OOFに計上される。

完全な贈与の場合には，グラント・エレメントは100.00パーセントであり，当然ODAに計上される。

(3)　GNIの0.7パーセント／ODA目標

1950年代後半には，開発援助資金のフロー総額目標が議論された。最初に国民所得の1パーセントを目標とするよう提案したのは世

表14-1　グラント・エレメントの換算例（半年賦償還）

償還期間(年)	6	10	15	20
金利(%) ＼ 据置期間	1	3	5	7
0.00	27.55	45.03	59.82	70.44
1.00	24.73	40.42	53.69	63.22
2.00	21.90	35.81	47.56	56.01
3.00	19.08	31.19	41.44	48.79
4.00	19.26	26.58	35.31	41.58
5.00	13.44	21.97	29.18	34.36
6.00	10.62	17.35	23.05	27.14
7.00	7.79	12.74	16.92	19.93

注：この表は，借款のグラント・エレメントを次の仮定で求めたもの。
　　(1)　融資承諾日に一括して貸付を実行
　　(2)　元本部分の返済は年2回均等割賦（半年割賦償還）とし，
　　(3)　利息部分の返済は約定返済日における未払残高に対して支払う，
　　という条件のもとで行われるとして上述の換算式で求めたもの。
出所：OECD. DAC, *Calculation of the Grant Element* と国際協力銀行『経済協力便覧』で作成。

界教会協議会（WCC）であり，60年代に入ると，DACの全メンバーがこれに賛同した。だが，この案には大きな欠点がある。すなわち，供与側の政府には民間資金のフローの制御・予測は不可能であり，民間のフロー変動を公的フローで調整することも不可能ということである。そこで今度はサブターゲットを設定することに努力を集中した。

1970年，国民総所得（GNI）の0.7パーセントをODAにあてるという案が，国際援助開発会議に関する国際会議の高級レベル会合でまず合意され，その後繰り返し賛同を得た（GNIは2013年前までのGNP）。そして，2005年にはEU加盟国が2015年までにこの目標を達成させるということで合意したあと，この0.7パーセント目標は，EU，G8のグレンイーグル・サミットと国連世界サミットの政治的約束として定着する運びとなった。参考までに，日本の2018年実績は0.19パーセントとなっている。

5　日本の開発協力政策

2015年決定の「開発協力大綱」は，1993年のODA大綱（2003年改定）の単なる名称変更ではなく，DACの定める開発協力に即応したものである。ここでは，非軍事的協力による平和と繁栄，「人間の安全保障」の推進，自助努力支援と日本の経験と知見を踏まえた対話・協働による自立的発展に向けた協力を

基本方針として，重点政策と実施方針をまとめている。これらは明らかに国連の「ポスト2015開発アジェンダ」に呼応したものである（本章4参照）。

6　日本のODA実施体制

開発協力全体の実施機関とODA実施体制は，図14-2，14-3のようになる。

7　開発協力資金の組合せ

資金の組合せは，日本の場合を例にとれば図14-4のようになる。

8　開発協力に関わる法

ひとつの開発協力プロジェクトに関わってくる法のリンキングを示せば，図14-5のようになる。図のA社とB社がともに民間企業である場合には，両国の国際私法（抵触法）で準拠法を決めることができる。しかし，Bが政府であるときに結ぶ契約は「国家契約」（State contract）ないし経済開発協定（Economic development agreement）とよばれ，国内法の原則と国際法の原則が適用される。例えば，既得権（Vested rights），不当利得（Unjust enrichment），エストッペル（Estoppel），権利濫用（Abuse of rights），契約遵守（*Pacta sunt servanda*）の原則，事情変更の原則（*Clausula rebus sic stantibus*）などが最も関わってくる（コラム参照）。

また，国際機関（例えば，世銀）と開発途上国政府との間の借款協定の場合には，抵触法規定の挿入が一般的である。この場合，借款協定に基づく世銀と開発途上国政府の権利と義務は，各国の法令に反対の規定があっても，この借款協定（図14-5）の条件に従って効力を有することになる。

また，国際機関（例えば，世銀）とC民間会社との間の借款協定（図14-5）では，従来は関係国の国内法に準拠することになっていたが，現在では契約の一方の当事者のC社が民間人であるということで，両当事者に国際私法を選ぶ余地を認めるべきであり，準拠法について明示の規定がない場合には，法廷の争点となる問題の解決に最も適した法を自由に適用することになっている。

既得権
いったん現行法のもとで取得した財産権は侵されてはならず，十分な賠償なしには恣意的に破壊してはならない。

不当利得
他人の犠牲で不当な利益をあげた者は，損害を受けた者に適正な損害賠償を行わなければならない。

エストッペル
ある事実を真実として受け入れた当事者は，契約が無効または取消しになるまでの間，それに反する主張はできず，当事者の行為に矛盾がないことを保証しなければならない。

権利濫用
他の者に対して損害を与えるように権利を恣意的かつ気まぐれに行使することを制限する。

契約遵守
契約の当事者は，契約に表示した自己の同意を誠実に尊重しなければならない。

事情変更の原則
契約締結時に前提としていた事情が予見不能なほどに変化し，元の契約の履行が当事者間の公平に反する結果となる場合に，契約の解除・修正を請求することを認める。

図14-2　日本の開発協力実施機関

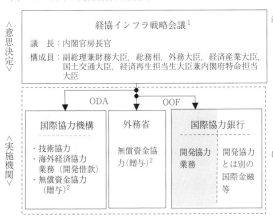

注：1　この会議は，かつての「経済協力
　　　関係閣僚会議」，「対外経済協力
　　　会議」，「海外経済協力会議」の
　　　廃止を経て，2013年に新設され
　　　た。
　　　議論の対象は，①開発協力に関す
　　　る重要事項と戦略的かつ効率的な
　　　実施，対外kステムの海外展開，
　　　エネルギー・鉱物資源の海外権益
　　　確保の支援。
　　2　外交政策上の必要に基づいて外務
　　　省が直接実施する部分は，ここに
　　　残されている。
出所：櫻井雅夫『国際開発協力法』（大学
　　　教材）より作成。

図14-3　日本の開発協力実施体制

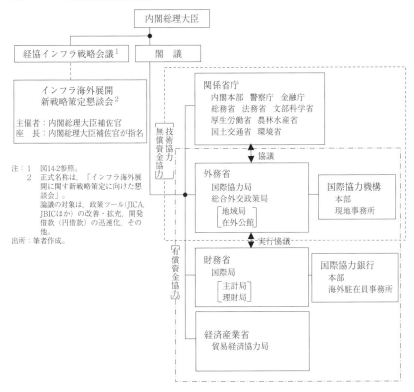

注：1　図14-2参照。
　　2　正式名称は，「インフラ海外展
　　　開に関す新戦略策定に向けた懇
　　　談会」。
　　　論議の対象は，政策ツール（JICA,
　　　JBICほか）の改善・拡充，開発
　　　借款（円借款）の迅速化，その
　　　他。
出所：筆者作成。

図14-4 開発協力資金の組合せ

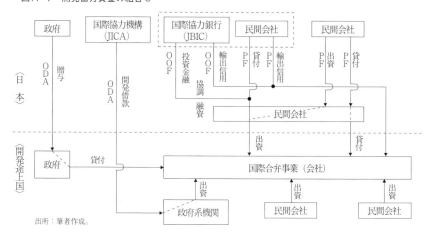

出所：筆者作成。

図14-5 開発協力プロジェクトに関わる法のリンキング

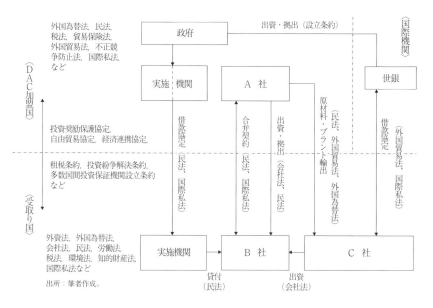

出所：筆者作成。

参考文献

（項目別，アルファベット順）

［法学全般］

団藤重光『法学の基礎』第2版。東京：有斐閣，2007年。

―――『法学入門』増補版。東京：筑摩書房，1988年。

法曹会編『似たもの法律用語のちがい』3訂補訂第2版。東京：法曹会，2000年。

伊藤正己・加藤一郎『現代法学入門』第4版。東京：有斐閣，2005年。

峯村光郎『法学概論』田中実補訂。東京：日本評論社，1981年。総論部分が出色。

中川善之助『法学』泉久雄補訂。東京：日本評論社，1985年。総論部分が有益。

田島信威『法令入門：法令の体系とその仕組み』第3版。東京：法学書院，2008年。
　全巻を通じ，内容，表現が明快。類書のなかでは最適。

［国際関係論］

衞藤瀋吉ほか『国際関係論』第2版。東京：東京大学出版会，1989年。相応の体系
　をもった定評ある教科書。巻末参考文献リストは有益。

Clark, Ian, *and* Iver B. Neumann, *jt. eds., Classical Theories of International Relations.*
　Edited by Ian Clark and Iver B. Neumann. London: Macmillan Press, 1996.

『国際関係用語辞典』岩内亮一・藪野祐三編。東京：学文社，2003年。

岩田一政・山影進・小寺彰編著『国際関係研究入門』増補版。東京；東京大学出版
　会，2003年。

Nye, Joseph S., Jr., *Understanding International Conflicts: An Introduction to Theory
　and History.* 10th ed. New York: Longman, 2017.（邦訳『国際紛争：理論と歴史』
　〈田中明彦・村田晃嗣訳〉東京：有斐閣，2017年）

山田高敬・大矢根聡編著『グローバル社会の国際関係論』新版。東京：有斐閣，
　2011年。

［国際法・国際関係法］

Brütsch, Christian, *and* Dirk Brütsch, *jt. eds., Law and Legalization in Transnational
　Relations.* Edited by Christian Brütsch *and* Dirk Brütsch. London; New York:
　Routledge, 2007.

Buergenthal, Thomas, *and* Sean D. Murphy, *Public International Law in a Nutshell*. 3rd ed. St. Paul, Minn.: West Academic Publishing, 2019. アメリカ手ごろな教科書。

『国際関係法辞典』国際法学会編。東京：三省堂，1995年。

栗林忠男『現代国際法』東京：慶應義塾大学出版会，1999年。

Orakhelashvili, Alexander, *Akehurst's Modern Introduction to International Law*. 8th ed. Abingdon, Oxon; New York: Routledge, 2018.

杉原高嶺『基本国際法』第3版。東京：有斐閣，2018年。

[第二次大戦]

服部卓四郎『大東亜戦争全史』新装版。東京：原書房，2007年。

『映像の世紀』DVD。東京：NHKエンタープライズ，2016年。

『実録第二次世界大戦史』DVD。東京：シーティーエー，2005年。

[国際機構論・国際機構法]

日本国際連合協会『わかりやすい国連の活動と世界』改訂版。東京：三修社，2007年。日英両文を収録、国連英検の準備にも便利。

櫻井雅夫『国際機構法』東京：第一法規出版，1993年。大学の学部教材。

佐藤哲夫『国際組織法』東京：有斐閣，2005年。

United Nations. *Basic Facts about the United Nations*. 42nd ed. New York: United Nations, 2017.（邦訳『国際連合の基礎知識』西宮：関西学院大学出版会，2018年）

[国際関係法各論]

August, Ray, *International Business Law: Text, Cases, and Readings*. 6th ed. Revised by Don Mayer and Michael Bixby. Upper Saddle River, NJ : Pearson, 2013. アメリカの大学教科書。判例を数多く含む。

防衛大学校安全保障学研究会編『安全保障学入門』新訂第5版。東京：亜紀書房，2018年。

Bonsignore, John J., *Law and Multinationals: An Introduction to Law and Political Economy*. Englewood Cliffs, N.J.: Prentice Hall, 1994. アメリカの大学教科書。アメリカの判例を数多く含む。

Buergenthal, Thomas, Dinah Shelton, *and* David Stewart, *International Human Rights in a Nutshell*. 4th ed. St. Paul, Minn.: West Publishing Co., 2009. アメリカの大学教

科書。

Chalmers, Damian, Gareth Davies, *and* Giorgio Monti*, European Union Law: Cases and Materials*. 2nd ed. Cambridge, UK ; New York : Cambridge University Press, 2010.

Folsom, Ralph H., *European Union Law in a Nutshell: Including BREXIT*. St. Paul, Minn., West Academic Publishing, 2017. アメリカの手ごろな大学教科書。

Folsom, Ralph H., Michael Wallace Gordon, *and* John A. Spanogle, *International Trade and Investment in a Nutshell*. 2nd ed．St．Paul，Minn., West Group, 2000. アメリカの手ごろな大学教科書。

Food and Agriculture Organization of the United Nations, *The State of Food Security and Nutrition in the World*. Annually. PDF 閲覧可能。(要約版の邦訳は，『世界の食料安全保障と栄養の現状』東京：国際農林業協働協会。PDF 閲覧可能)

藤森陽子「複数の FTA/EPA が存在する場合の選択のポイント」『貿易と関税』68 巻10号，2020年10月。内容説明が明快。

Guruswamy, Lakshman, D. *International Environmental Law in a Nutshell*. Lakshman D. Guraswamy with Mariah Zebrowski Leach. 4th ed. St. Paul, Minn.: Thomson/West, 2012. アメリカの手ごろな大学教科書。

畑博行・水上千之編『国際人権法概論』第 4 版。東京：有信堂，2006年。

International Bank for Reconstruction and Development. *World Development Report*. New York: Oxford University Press. Annually. ダウンロード可能。

Joint United Nations Programme on HIV/AIDS., FACT SHEET/Global HIV & AIDS statistics. Annually. PDF 閲覧可能。

Jovanović, Miroslav N., *International Economic Integration: Limits and Prospects*. 2nd rev. ed. London: Routledge, 1998.

『開発経済学事典』渡辺利夫・佐々木 郷 里編。東京：弘文堂，2004年。

『解説国際環境条約集』広部和也・臼杵知史編。東京：三省堂，2003年。

小寺彰・岩沢雄司・森田章夫編『講義国際法』第 2 版。東京：有斐閣，2010年。

黒澤 満『核軍縮と国際法』東京：有信堂，1992年。

──『軍縮問題入門』新版。東京：東信堂，2005年。

松井芳郎ほか編『国際環境条約・資料集』東京：東信堂，2014年。

McGoldrick, Dominic, *International Relations Law of the European Union*. New York: Longman, 1997.

松下満雄・清水章雄・中川淳司編『ケースブック ガット・WTO 法』東京：有斐閣，

2009年。

森川俊孝ほか『開発協力の法と政治：国際協力研究入門』東京：国際協力出版会，2004年。

中川淳司『経済規制の国際的調和』東京：有斐閣，2008年。

中川淳司ほか『国際経済法』第3版。東京：有斐閣，2019年。

日本。防衛省『日本の防衛（防衛白書）』東京：日経印刷。年刊。PDF閲覧可能。

日本。外務省『外交青書』東京：日経印刷。年刊。PDF閲覧可能。日本の外交全般の現状と将来を知るのに好適。

——『人権・人道・難民』次のURLを参照。〈https://www.mofa.go.jp/mofaj/gaiko/jinken_jindo.html〉（2020年12月20日アクセス）

——『開発協力白書』東京：日経印刷。年刊。PDF閲覧可能。

——『国際組織犯罪に対する国際社会と日本の取組』次のURLを参照。〈https://www.mofa.go.jp/mofaj/gaiko/hanzai.html〉（2020年12月20日アクセス）

——『JAPAN SDGs Action Platform』次のURLを参照。〈https://www.mofa.go.jp/mofaj/gaiko/oda/sdgs/index.html〉（2020年12月20日アクセス）

日本。外務省経済局国際機関第一課編『解説WTO協定』東京：日本国際問題研究所，1996年。

日本。環境省『環境白書　循環型社会白書／生物多様性白書』東京：日経印刷。年刊。PDF閲覧可能。

日本。警察庁『警察白書』東京：日経印刷。年刊。PDF閲覧可能。

日本。警察庁刑事局組織犯罪対策部組織犯罪対策企画課犯罪収益移転防止対策室『年次報告書』年刊。PDF閲覧可能。

日本。経済産業省『通商白書』東京：勝美印刷。年刊。PDF閲覧可能。

日本。厚生労働省『薬物乱用防止に関する情報』次のURLを参照。〈https://www.mhlw.go.jp/stf/seisakunitsuite/bunya/kenkou_iryou/iyakuhin/yakubuturanyou/〉（2020年12月20日アクセス）

日本。公正取引委員会『国際的な取組』次のURLを参照。〈https://www.jftc.go.jp/kokusai/index.html〉（2020年12月20日アクセス）

日本。財務省『国際課税』次のURLを参照。〈https://www.mof.go.jp/tax_policy/summary/international/index.htm〉（2020年12月20日アクセス）

——『国際政策（外国為替・国際通貨・経済協力）』次のURLを参照。〈http://www.mof.go.jp/international_policy/〉（2020年12月20日アクセス）

西垣昭・下村恭民・辻一人『開発援助の経済学：「共生の世界」と日本のODA』第

4 版。東京：有斐閣，2009年。類書のなかでは，最も信頼できる内容。

西井正弘・鶴田順編『国際環境法講義』東京：有信堂，2020年。

Organisation for Economic Co-operation and Development, *Development Co-operation, Report*. Paris: OECD. Annually. PDF 閲覧可能。

櫻井雅夫『国際経済法』新版。東京：成文堂，1997年。大学の教材。

――『新国際投資法』東京：有信堂，2000年。図表を豊富に含む。大学の教材。

――『国際開発協力法』東京：国際経済法センター，2008年。開発協力の仕組みと法に特化させる。図表を豊富に含む。大学の教材。

庄司克宏『はじめての EU 法』東京：有斐閣，2015年。

――『新 EU 法　基礎篇』東京：岩波書店，2013年。参考文献，引用文献きわめて詳細。

UNICEF. 次の URL を参照。〈https://www.unicef.org〉

UNICEF, *The State of the World's Children*. Annually. PDF 閲覧可能。(邦訳は，『世界子ども白書』東京：日本ユニセフ協会。PDF 閲覧可能。)

United Nations. *The Sustainable Development Goals Report*. Annually. PDF 閲覧可能。(概要の邦訳は，『持続可能な開発目標（SDGs）報告』東京：国際連合広報センター。年刊。PDF 閲覧可能。)

United Nations, *Transforming Our World: the 2030 Agenda for Sustainable Development*. United Nations document no.: A/RES/70/1. ダウンロード可能。

United Nations Conference on Trade and Development, International Investment Agreements Navigator. 次の URL を参照。〈https://investmentpolicy.unctad.org/international-investment-agreements〉

United Nations Development Programme, *Human Development Report*. New York: UNDP. Annually. PDF 閲覧可能。

United Nations Office of the High Commissioner for Human Rights. 次の URL を参照。〈https://www.ohchr.org/EN/pages/home.aspx〉

United Nations Office on Drugs and Crime, *World Drug Report*. Vienna: UN, Office on Drugs and Crime. Annually. PDF 閲覧可能。

横田洋三編『国際社会と法：国際法・国際人権法・国際経済法』東京：有斐閣，2010年。

あとがき

　新版作成に当たって気鋭の岩瀬先生の全面協力を得られたことは，本当に幸せである。玉稿に目を通させていただくうちに，世代交代をひしひしと感じた。

　この本の総論では，あえて第二次大戦の話をまとめている。その理由は，この戦争が今日の国際関係に大きな影響を与えたと判断したことである。もちろん，授業では第一次大戦と戦間期に関する教材も作成・配布し，ビデオも使用してきた。それでもこの本で記述しなかったのは，その戦争を体験していない小職ごときが空しいことを書いても大した意味がないと判断したためである。学徒出陣に関する部分の記述に関しては，初版の時以上にさまざまな思いをこめて作業を行った。

　さて，本文でも記したように，日本では国際関係法という分野の研究と教育は定まっていない。現状は，次のとおりである。第一に，日本では国際関係法と銘打った教科書や専門書はきわめて少ない。そのなかで用語の定義をしたものもほとんどなく，枠組みや内容がそれぞれまったく異なっている。

　第二に，学部の国際関係法学，大学院の国際関係法学専攻というものをみても，科目編成の基準は曖昧である。既存の科目を並べたり，既存の科目に「国際」の冠をつけたりしただけのものもある。

　第三に，国際関係法という科目も散見されるが，シラバスは各人各様である。国際関係法というひとつの科目をオムニバス方式で数人の教員が担当しているものもある。国際関係法という科目でも国際法の講義そのものだったりするものもあり，国際法と国際私法を合わせているだけのものもあり，さらには国際私法だけ講義しているものさえある。教員側のこうした混乱で，学生側は履修届の提出で迷っている。日本学術会議がいう国際関係法にも似たようなところがあり，その範囲は漠然と広がっている。

　このような状況では，担当教員は自分が得意とする分野の色を出し，それを

国際関係法と銘打って講義するという程度のことで済ましてしまうかもしれない。いつも言うことであるが，既存の法分科にこだわり研究方法の議論をしっかりと行わないかぎり，この問題は解決しない。

　話は変わるが，小職はこの仕事を志して半世紀になる。大学を出てから政府系研究機関で勉強をし，海外留学をし，国連事務局でも働き，かなりの頻度で海外の諸機関の実態調査に出かけてきた。また，政府の政策づくりの裏方もずっと続けてきた。1970年代はじめからは国連事務局恒久職員への切換えや本省への出向について熱心な要請を受けたが，諸般の事情からお断りしてきた。詳細は憚るが，外務省については在外代表部の現場を案内されたことでもあり，正直に言って心残りはある。国連事務局への転出については，それまでの勤務経験からそれほどの魅力を感じなかったが，多少の悔いは残っている。

　この半世紀，余り派手なことを書いたり口にしたりすることを極力抑えきた。今後もその姿勢を変えることはない。

櫻井　雅夫

　私が櫻井雅夫先生に初めてお目にかかったのは，日本国際経済法学会の研究大会であった。当時私は，名古屋大学大学院国際開発研究科の博士後期課程に在籍し，本書第10章で記されている投資紛争解決条約の投資紛争解決国際センター（ICSID）での紛争事案の分析を通じて，二国間投資協定（BIT）における現地子会社保護に関する研究を始めたところであった。今でこそ，投資家と国家との間の紛争解決（ISDS）手続は，TPP参加をめぐり議論になるなど，日本における研究も盛んである。しかし，私がICSIDの研究を始めた当時，日本ではBITへの関心は今ほど高くはなく，BITに基づいた紛争処理制度に関する先行研究も限られ，ISDSという用語も一般的ではなかった。このような状況のなかで，櫻井先生の国際経済法・国際投資法に関するご研究は，私の研究と博士論文の執筆には欠かすこのできない重要な先行研究であり，私にとって櫻井先生は，お名前のみを存じ上げている，雲の上の存在であった。その櫻井先生を学会の研究大会で偶然にもお見かけし，ご挨拶申し上げることができた

のは，今にして思えばたいへん幸運であった。その後も，お目にかかるたびに，お声をかけていただき，論文の執筆や投稿など研究に関するご助言，お知り合いの方々のご紹介など，櫻井先生には，私が研究者として進む手掛かりを数多くお示しいただいてきた。大学に職を得た現在，櫻井先生がご執筆された書物を大学院や学部での講義で教科書として使わせていただき，教育の面においても櫻井先生にはたいへんお世話になっている。

　このたび，櫻井先生が『国際関係法入門』の新版をご執筆なされるに際して，櫻井先生のご好意で，新版作成に参加させていただく機会を得た。たいへん光栄であると同時に，私に務まるのかという気持ちを抱いた。しかし，不安を感じつつも執筆作業を進めていくなかで，櫻井先生や有信堂の髙橋明義代表取締役と川野祐司氏のご助力を得ることによって，担当章の原稿を書き終えることができた。今回の執筆を通じて，研究者としてだけではなく，教育者としての櫻井先生の偉大さを改めて痛感し，私自身はこれまでの研究と教育を深く省みる機会を得ることができた。櫻井先生に追いつくことはできないが，新版の共著者として相応しい研究者・教員となることをめざして，研究・教育に取り組む決意を新たにしている。

岩瀬　真央美

事項・人名索引

著者紹介

櫻井　雅夫 (さくらい　まさお)

1935年東京生まれ。慶應義塾大学法学部卒。法学博士。

前職：慶應義塾大学教授，青山学院大学教授，獨協大学教授。

専攻：国際経済法。

主著：『国際経済法』新版。成文堂。慶應義塾賞。

『国際経済法の基本問題』慶應義塾大学出版会。青山学院学術褒賞。

『国際経済法研究』東洋経済新報社。日本書籍出版協会・優良図書。

『新国際投資法』有信堂。

『国際開発協力法』三省堂。

『国際開発協力法』国際経済法センター。

『ASEAN における貿易・投資自由化の法的枠組みの現状』国際機関日本アセアン・センター。三井物産貿易奨励会賞大賞。

岩瀬　真央美 (いわせ　まおみ)

1973年愛知県生まれ。名古屋大学大学院国際開発研究科博士後期課程修了。博士（学術）。

兵庫県立大学教授。

専攻：国際経済法，ベトナム法。

主著：『投資協定における投資の保護―現地子会社の取り扱いを中心に―』大学教育出版。

新版 国際関係法入門〔第二版〕

2013年12月24日	初　版　第1刷発行		〔検印省略〕
2021年4月9日	第二版　第1刷発行		

著者©櫻井雅夫・岩瀬真央美／発行者　髙橋明義　　　印刷・製本／亜細亜印刷

東京都文京区本郷1—8—1　振替　00160-8-141750
〒113-0033　TEL　(03) 3813-4511
FAX　(03) 3813-4514
http://www.yushindo.co.jp
ISBN978-4-8420-4065-3

発　行　所

株式会社 有信堂高文社

Printed in Japan